AN
EINEM
TISCH

Gerhard Staguhn

AN EINEM TISCH

*Religiöse Rezepte von Juden,
Christen und Muslimen*

Vorwort

Dies ist ein Kochbuch, natürlich. Es gibt Rezepte, Zutatenlisten und Bilder, ganz wie man es kennt. Und doch führt es weit über ein normales Kochbuch hinaus. Die vorgestellten Gerichte entspringen dem religiösen Brauchtum der Weltreligionen Judentum, Christentum und Islam. Es sind daher keine neuen Kochideen und Speisen, sondern vielmehr traditionelle Gerichte mit symbolischer Kraft, die hier vorgestellt werden. Sie erklären sich aus der Geschichte der Religionen, ihren Quellen, aber auch den geografischen Besonderheiten, unter denen Juden, Christen und Muslime ihre eigenen Kulturen entwickelten. Deshalb gibt es einen breiten Einführungsteil, der die Kennzeichen und Glaubensvorstellungen der drei hier behandelten Religionen erklärt. So kann dieses Buch auch als eine religionsgeschichtliche Einführung unter kulinarischen Aspekten gelesen werden. Weil sich die meisten Spezialitäten den Festtagsbräuchen entlehnen, sind die Speisen und Rezepte im Folgenden den jeweiligen Feiertagen zugeordnet. Über allem aber steht die Frage, ob sich die Gläubigen in einer gemeinsamen Küche überhaupt treffen könnten und welche Barrieren durch die jeweiligen Vorlieben und Tabus dabei überwunden werden müssten. Denn letzten Endes gilt: Auch der Glaube geht durch den Magen.

Inhalt

JAHWE, GOTT UND ALLAH BITTEN ZU TISCH

Die Gastfreundlichkeit Abrahams:
Detail aus einer Wandmalerei (6. Jahrhundert)

Das Essen in den Religionen
Zwischen Brauchtum und strengen Geboten

Christen, Juden und Muslime leben in Deutschland heute häufig auf engstem Raum zusammen. An einem Tisch trifft man sich aber nur, wenn gerade mal wieder soziale oder politische Probleme gelöst werden müssen. Mehr geht nicht. Zu unterschiedlich sind die jeweiligen Glaubensinhalte, zu verschieden die Formen religiöser Praxis. Wie wäre es aber, wenn man sich aus gegenseitigem Interesse, Neugier und Geselligkeit einfach an einem Tisch versammeln und miteinander speisen würde? Eine reizvolle Vorstellung, die aber auch ihre Tücken hat.

Das Christentum hat zum Essen und Trinken keine besondere Meinung, abgesehen davon, dass beizeiten das Fasten geboten ist. Der Christ kann außerhalb der Fastenzeiten essen und trinken, was er will. Dass er zum Beispiel keine gebratenen Hunde oder Katzen verzehrt, ist nicht religiös begründet, sondern allein der emotionalen Bindung an diese tierischen Hausfreunde geschuldet.

Von Seiten der christlichen Theologie spräche nichts dagegen, sie zu essen. Nicht einmal die Taube – immerhin das Symboltier des Heiligen Geistes –, wird vom Verzehr ausgespart, ebenso wenig das Lamm, als das sich Jesus Christus versteht. Der Christ, zumal der katholische, ist sogar angehalten, in der Heiligen

Kommunion den Leib Christi in Gestalt der geweihten Hostie (von lateinisch »hostia« = Schlachtopfer) aufzuessen, und zwar nicht nur symbolisch, sondern essenziell. Sich eine Gottheit körperlich einzuverleiben, ist einmalig in den Religionen.

Im Judentum ist das anders. Es ist die einzige Religion, die umfassende und dabei äußerst strenge und eigenwillige Speisegesetze geschaffen hat. Was der gläubige Jude isst, muss »koscher« (rituell rein) sein, also den Vorschriften des Kaschrut, des koscheren Regelwerks, gehorchen, wie es in der Tora, den fünf Büchern Mose, zugrunde gelegt ist. Nach jüdischem Verständnis soll der Mensch nicht fressen wie ein Tier, sondern gottgefällig speisen, das heißt in bewusster Trennung von gut und schlecht, rein und unrein, heilig und heillos, von Blut und Fleisch, Gesäuertem und Ungesäuertem, Milchigem und Fleischigem. Nur so kann das Essen als segensreicher Akt und damit als bewusste Trennung zwischen dem Alltäglichen und dem Festlichen erscheinen. Das Kaschrut macht so aus jeder Nahrungsaufnahme, selbst wenn sie nur an einer koscheren Imbissbude stattfindet, ein kleines, gottgefälliges Fest. Nur so kann das Essen ein Teil der göttlichen Ordnung sein. Allerdings gibt es noch einen anderen, sehr pragmatischen Grund für die jüdischen Speisegesetze: Sie dienten den Juden, diesem in alle Welt zerstreuten Volk, von jeher dazu, sich gegen ihre oft feindlich gesinnten Nachbarn abzugrenzen und so ihre Identität zu wahren und zu stärken.

Weinkrug, Brot und Fisch, die Tischsymbole der christlichen Religion

Nicht zum Verzehr geeignet:
das Schwein in Judentum und Islam

Der Islam kennt im Grunde nur zwei Speisevorschriften: Verzicht auf Schweinefleisch und Verzicht auf Alkohol! Tatsächlich sind dem Muslim aber auch zahllose andere Tiere, voran die fleischfressenden, für den Verzehr untersagt. Dazu gehören auch Pferd und Esel, die von Allah, so weiß der Koran, einzig zum Lastentransport bestimmt worden sind. Erlaubte Speisen werden im Arabischen als »halal« bezeichnet, verbotene als »haram«. Die Ablehnung des Alkohols entwickelte sich im Koran allerdings erst nach und nach, was wohl damit zu tun hatte, dass die vorislamischen Araber dem Weingenuss durchaus zugetan waren. Das unter Christen als Nahrungstier beliebte Schwein ist im Islam haram; allein der Gedanke, es essen zu müssen, ist Muslimen eine grausige Vorstellung, selbst jenen, die ein lockeres Verhältnis zu ihrer Religion pflegen.

Der Versuch, Angehörige der drei monotheistischen Religionen zum gemeinsamen Essen an einen Tisch zu bitten, stößt also von vornherein auf einige Hindernisse, die freilich nicht unüberwindbar sind. Der christliche Allesesser müsste auf jeden Fall bereit sein, die religiösen Speisevorschriften der jüdischen und muslimischen Gäste zu respektieren. Und das heißt: was an Speisen auf den Tisch kommt, muss koscher sein. Denn was für den Juden koscher ist, ist auch für den Muslim halal, vom koscheren Wein mal abgesehen. Was koscher bedeutet, werden wir später noch darlegen. Was den Alkohol betrifft, so wäre bei einer multireligiösen Tafelrunde ohnehin zu überlegen, ob man nicht besser ganz auf ihn verzichtete und so den muslimischen Gästen die fortschreitende Alkoholisierung

Shah Abbas I., Schah von
Persien, beim Festmahl
(Ausschnitt aus einer Freske
im Vierzigsäulenpalast,
Isfahan, Iran)

von Juden und Christen ersparte. Dass es sich bei solch einer Tafel um keine religiöse, sondern bestenfalls um eine religionsfolkloristische Veranstaltung handelte, sollte ohnehin klar sein. Die großen Religionen des Ostens (Hinduismus, Buddhismus und Chinesischer Universismus) mit an den Tisch zu bitten, liegt auf der Hand. Dass es in diesem Buch nicht geschieht, ist einzig dem Umstand geschuldet, dass die Tafel dann unüberschaubar werden würde, zumal die Küchen Asiens, gerade auch in ihren religiösen Bezügen, eine grandiose Vielfalt gezeitigt haben. Allein Indien ist in religiöser und kulinarischer Hinsicht ein Kosmos.

Interessant ist in diesem Zusammenhang, dass der Vegetarismus in allen drei monotheistischen Religionen, anders als in den Religionen Asiens, kein Thema ist – fast kein Thema, um genau zu sein. Immerhin verbietet die Bibel, die auch für Muslime ein heiliges Buch ist, dem Menschen zuerst das Töten und Essen von Tieren gemäß dem Gotteswort: »Ich setze euch über die Fische, die Vögel und alle anderen Tiere und vertraue sie eurer Fürsorge an. Ihr könnt die Früchte aller Pflanzen und Bäume essen; den Vögeln und Landtieren aber gebe ich Gras und

Blätter zur Nahrung.« (1. Buch Mose, 1. Kap.) Doch nach der Sintflut, mit der Gott die missratene Menschheit – außer Noah und seine Familie – ausgelöscht hat, erlaubt er das Töten und Essen von Tieren: »Alle Tiere werden sich vor euch fürchten müssen: Landtiere, Wassertiere und Vögel. Ich gebe sie in eure Gewalt. Ihr dürft von jetzt ab Fleisch essen, nicht nur Korn, Obst und Gemüse; alle Tiere gebe ich euch als Nahrung. Nur Fleisch, in dem noch Blut ist, sollt ihr nicht essen; denn im Blut ist das Leben.« (1. Buch Mose, 9. Kap.) Es ist äußerst bemerkenswert, dass sich die Christen über dieses grundlegende biblische Verbot des Blutverzehrs ohne religiöse Begründung hinweggesetzt haben. Die Blutwurst in jedweder Form gilt in vielen christlichen Ländern, voran in Frankreich, als Delikatesse. Hingegen stellt eine aus Schweineblut hergestellte Wurst für Juden und Muslime die kulinarische Gotteslästerung schlechthin dar und ruft schon deshalb tiefsten Ekel hervor. Tatsächlich ist die Blutwurst heidnischen Ursprungs; schon in Homers Odyssee wird sie als eine speziell von Kriegern geschätzte Wurst erwähnt. Im frühen Christentum wurde sie wegen ihrer Verbindung zum heidnischen Brauchtum immer wieder mal verboten, doch die Christen wollten partout nicht von ihr lassen, dem göttlichen Verbot in der Bibel zum Trotz.

Der Leser hat es längst gemerkt: Wir begeben uns mit unserem monotheistischen Festessen auf heikles, noch wenig erprobtes Terrain. Eines ist freilich sicher: Blutwurst, selbst wenn sie ein Starkoch zubereiten würde, kommt nicht auf den Tisch. Doch allein mit kulinarischem Fingerspitzengefühl ist es bei dieser Unternehmung nicht getan. Das viel schwierigere Feingefühl für den fremden

Entweder Delikatesse
oder Tabu – die Blutwurst
in den Religionen

Glauben muss hinzutreten, um Peinlichkeiten oder gar Verletzungen der religiösen Gefühle Andersgläubiger zu vermeiden. Das setzt voraus, dass man den Glauben der anderen wenigstens in den Grundzügen kennt und ihn von vornherein als gleichwertig anerkennt. Allein auf dieser Grundlage kann das Unternehmen gelingen, selbst in einer Zeit wie der unsrigen, die mit religiösen Vorurteilen und Feindseligkeiten so unsäglich belastet ist. Gemeinsam zu essen war schon immer ein guter Weg, einander kennenzulernen und für Entspannung zu sorgen. Bei aller Verschiedenheit der Religionen könnte gerade über das gemeinsame Essen von religiös geprägten Speisen etwas Übergeordnetes und Einigendes spürbar werden. Dieses Einigende kann letztlich nur in dem Einen und Unfassbaren zu finden sein, egal, welchen Namen man ihm gegeben hat: Jahwe, Gott, Allah.

Essen und religiöser Glaube sind bei keiner Religion so eng miteinander verbunden wie beim Judentum. Man könnte mit jüdischer Selbstironie fast schon von einer jüdischen Küchenreligion sprechen: eine Religion, die sich bis in die Kochtöpfe hinein verwirklicht. Weder Christentum noch Islam haben in dieser Hinsicht Ähnliches vorzuweisen, obwohl beide Religionen tief im Judentum wurzeln. Unser multireligiöses Kochbuch wird aus diesem Grund stark vom Judentum geprägt sein, vor allem was die Zahl religiös fundierter Kochrezepte betrifft. Da die Juden aber seit Jahrtausenden in aller Welt zuhause sind, spiegelt sich in den jüdischen Speisen ein kosmopolitischer, die Völker verbindender Geist wider, der weit über das Religiöse hinausweist.

Die drei monotheistischen Religionen sind Geschwister-Religionen, in denen auf unterschiedliche Weise dem Einen Gott gehuldigt wird; sie gehören aufs Innigste zusammen, ob ihnen das nun passt oder nicht. Der Streit zwischen den Religionen ist von daher ein großes Missverständnis: Nicht die Religionen als Gottesoffenbarungen liegen im Streit miteinander, sondern die Menschen haben aus streitsüchtigen Gründen ein Gegeneinander der Religionen entfacht. Denn die Religionen sind sich in ihren heiligen Büchern vollkommen einig in dem, was sie wollen: Frieden, Gerechtigkeit, Nächstenliebe.

Der Jahrtausende während Streit zwischen Juden, Christen und Muslimen hat grundsätzlich damit zu tun, dass sie einer einzigen Wurzel entspringen, die durch die mythische Figur Abrahams verkörpert wird. Die drei Religionen sind einander sehr ähnlich – und genau davon rühren die Reibereien; sie erinnern an die Streitigkeiten und Eifersüchteleien zwischen Geschwistern. Dabei wird im Streit das Wichtigste vergessen: dass Gott selbst weder Jude noch Christ noch Muslim ist. Gläubige, zumal die Eiferer unter ihnen, neigen dazu, in Gott einen Anhänger ihrer eigenen Religion zu sehen. Aber das ist er nicht. Vielleicht kommt ja irgendwann die Zeit, in der Juden, Christen und Muslime einander wohlwollend (an einem Tisch!) mit dem Satz begrüßen: »Es gibt nur einen Gott, nämlich den, den wir gemeinsam verehren.« Jede Religion ist nur ein Teil des Ganzen. Gott ist zu groß, um in einer einzigen Religion Platz zu finden.

Die Geburt des Monotheismus:
Moses empfängt die Gesetzestafeln

Judentum

Das Judentum steht für eine religiöse Revolution. Mit ihm kommt der Monotheismus in die Welt und die Zeit der Schriftreligionen beginnt. Eine Weltreligion entsteht, obwohl die Stämme Israels nur ein kleines Volk bildeten. Ein besonderes Kennzeichen ist, dass es im Judentum weder einen Klerus gibt noch ein geistliches Oberhaupt. Auch der Missionierungsgedanke fehlt, sodass das Judentum eine zahlenmäßig kleine Religionsgemeinschaft geblieben ist.

Sehen wir uns zuerst das Judentum etwas genauer an, denn ohne dieses gäbe es kein Christentum – und ohne die beiden Religionen wäre auch der Islam nicht denkbar. Das Judentum hat in Moses (hebräisch Mosche, arabisch Musa) seine mythische, historisch nicht fassbare Stifterfigur. Deshalb spricht man auch von der »mosaischen Religion«.

Dass Moses, der in einem Weidenkorb ausgesetzte Säugling, von einer Tochter des Pharaos aus dem Nil gefischt wird, wie die Bibel erzählt, verweist auf die enge Beziehung des Judentums zur ägyptischen Antike. Moses gehörte dem Volk der Israeliten an, das unter ägyptischer Knechtschaft zu leben hatte und zur Zwangsarbeit verpflichtet war. Auch wenn Moses historisch keinem Pharao zugeordnet werden kann, so spricht doch einiges dafür, dass er ein Anhänger Echnatons (= Amenophis IV., 1364–1347 v. Chr.) und dessen strengem Monotheismus war. Aber vielleicht war es auch umgekehrt: Echnatons Monotheismus könnte die Folge des großen Einflusses gewesen sein, den Moses in Ägypten gehabt hat. Sicher ist nur, dass auch Moses den Ein-Gott-Glauben nicht erfunden hat. Ihm offenbarte sich nur der alte Gott Abrahams (arabisch Ibrahim), der mit diesem einen religiösen Bund geschlossen hatte. Das äußere Zeichen dieses Bundes war die Beschneidung der Männer, die auch für die Muslime religiöse Pflicht ist. Abraham war der mythische Urvater der Israeliten, aber ebenso der Araber.

Religionsgeschichtlich geht der Monotheismus fließend aus der heidnischen Vielgötterei (Polytheismus) hervor. Ordnung, Gesetz und Zusammenhang lösen das heidnische Durcheinander im Götterhimmel ab. Damit wird die Religion

Blick vom Berg Moses hinab ins
Sinai-Gebirge

strenger, moralischer, bindender. Zudem lässt der Eine Gott all jene als auserwählt erscheinen, die ausschließlich an ihn glauben. In der Bibel wird uns das jüdische Volk als das von Gott auserwählte Volk vorgeführt. Doch Gott hatte, so erzählt die Bibel, allen Völkern angeboten, einen Bund mit ihm zu schließen. Doch sie lehnten, vermutlich aus Treue zur Religion ihrer Väter, das Anerbieten Gottes ab – ausgenommen das jüdische Volk.

Dieser Eine Gott, den die Juden Jahwe nennen, hat seine Wurzeln in den alten heidnischen Göttern, denen die semitischen Wüstenvölker geopfert hatten. Es waren typische Wüstengottheiten: herb, einfach, ja geradezu dürftig, mit einem buchstäblich wüsten, grausamen und rachsüchtigen Zug in ihrem Wesen. Dieser ist auch in Jahwe noch zu spüren. Manche Religionswissenschaftler vertreten sogar die Meinung, Jahwe sei ursprünglich ein heidnischer Gewitter- und Vulkangott gewesen, der schließlich von Moses zum Stammgott der Juden erhoben wurde, um sein aus ägyptischer Gefangenschaft befreites Volk zum Gott

Abrahams zurückzuführen. Moses, so könnte man sagen, ist der erste Prophet des Einen Gottes Jahwe, den die arabischen Muslime später Allah nennen werden. Unter dem Schutz des Einen Gottes vermochte Moses während der 40-jährigen Wanderschaft durch die Wüste aus einer losen Gruppierung von zwölf Stämmen das Volk der Israeliten zu formen. Das gelang ihm, weil er als charismatischer Führer gleich mehrere Funktionen in sich vereinte: Gesetzgeber, Lehrer, Richter und Feldherr. »Unser Vater« sagen die Juden, wenn sie von Abraham, »unser Lehrer«, wenn sie von Moses sprechen.

Die Israeliten errichteten im Gelobten Land, das Moses selbst nicht mehr erleben durfte, ein starkes Reich durch Unterwerfung der dort ansässigen Kanaaniter. Seine Blütezeit erlebte es unter den Königen David (ca. 1004–965 v. Chr.) und dessen Sohn Salomon (965–928 v. Chr.). Doch auch mächtige Dynastien vergehen, selbst wenn sie sich unter den Schutz des Einen Gottes stellen. Das jüdische Volk zerfiel in zwei Reiche – Juda und Israel –, verstand sich aber weiterhin als ein Volk. Dieses wurde schließlich vom expandierenden Reich der Babylonier unter Nebukadnezar erobert (586 v. Chr.) und in die babylonische Gefangenschaft geführt. Mit der Zerstörung Jerusalems mitsamt seinem Tempel und der Wegführung der Juden aus ihrer Heimat dehnte sich der Horizont der jüdischen Geschichte zum ersten Mal über Palästina aus. Es ist der Beginn der Zerstreuung des jüdischen Volks über die ganze Welt (Diaspora), die bis auf den heutigen Tag andauert.

Überall in der Fremde gelang es den Juden ihren Glauben an den Einen Gott zu bewahren und lebensfähige Gemeinden aufzubauen. Doch auch Babylonien ging unter. Es wurde von den Persern unter ihrem König Kyros erobert (539 v. Chr.). Dieser gestattete den Juden die Rückkehr in ihre Heimat und förderte sogar den Wiederaufbau ihres zerstörten Tempels in Jerusalem. Doch nicht alle Juden wollten zurück ins Gelobte Land, und so blieben viele der Diaspora-Gemeinden erhalten. Der zweite Tempel konnte im Jahre 515 v. Chr. vollendet werden. Teile seiner Außenmauern sind noch heute in der sogenannten Klagemauer erhalten.

Später wurde Palästina dem Reich Alexanders d. Gr. einverleibt (332 v. Chr.). Danach geriet es unter die Oberhoheit der hellenistischen Herrscherdynastie der

König David, der Vollender Israels

Seleukiden (198 v. Chr.), von der sich die Juden unter Führung des Geschlechts der Makkabäer befreien und so ihre Religionsfreiheit wiedererlangen konnten. Doch mit der Errichtung des Römischen Weltreichs verloren die Juden Palästinas erneut ihre Eigenständigkeit (63 v. Chr.). Immer wieder rebellierten sie gegen die römische Herrschaft, bis im Jahre 70 n. Chr. Jerusalem mitsamt dem zweiten Tempel von den Römern unter Titus zerstört wurde.

Nach dieser Niederlage begann eine zweite Diaspora der Juden, vor allem nach Nordafrika, Europa und Asien. Von den heute weltweit über 14 Millionen Juden leben rund 6 Millionen in den USA, rund 4,7 Millionen in Israel, rund 1,2 Millionen in den Ländern der EU und etwa 1 Million in Russland und in der Ukraine.

Was die Religion der Juden betrifft, so haben wir nur erwähnt, dass Moses ihr Begründer war. Er brachte seinem aufmüpfigen Volk die von Jahwe auf Steintafeln geschriebenen Zehn Gebote; sie sind für die Juden die Grundlage ihres sittlichen Lebens. Darüber hinaus gründet die jüdische Ethik auf den beiden Bibelsprüchen: »Du sollst Jahwe, deinen Herrn, lieben von ganzem Herzen, von ganzer Seele und von ganzem Gemüt.« Und: »Du sollst deinen Nächsten lieben, denn er ist wie du.« Der gläubige Jude steht seinem Gott ohne Vermittler, also ohne Priester gegenüber. Das heißt, dass jeder Einzelne letztlich die Freiheit besitzt, sich für das Gute oder das Böse zu entscheiden.

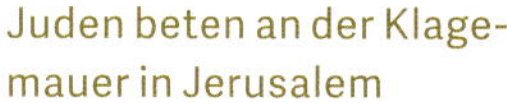

Juden beten an der Klagemauer in Jerusalem

Die maßgebliche heilige Schrift der Juden ist die hebräische Bibel, von den Christen »Altes Testament« genannt. Aus ihr leiten sich die Bestimmungen für das ganze religiöse und sittliche Leben ab. Die fünf Bücher Mose, mit denen die Bibel beginnt, werden »Tora« genannt, was soviel heißt wie Unterweisung oder Gesetz. Die gläubigen Juden betrachten diesen heiligen Text als Originalschrift des Moses, mehr noch: sie ist als »Schatzkammer der Weisheit« göttlichen, ja übergöttlichen Ursprungs. Denn nach alter rabbinischer Vorstellung ging die Tora der Existenz der Welt voraus. Als Jahwe beschloss, die Welt zu erschaffen, befragte er die Tora.

Jede Synagoge besitzt ihre eigene, nach strengen Regeln mit der Hand geschriebene Tora-Rolle, den Sefer Tora. Dieser wird in der sogenannten Bundeslade aufbewahrt und ist durch einen schweren Vorhang den Blicken der Gläubigen entzogen. Zwar ist die ganze Synagoge ein heiliger Ort, doch der Sefer Tora stellt das Allerheiligste dar. Beim Beten bleiben die Gläubigen sitzen, doch wenn sich der Vorhang vor dem Sefer Tora öffnet, erhebt sich die versammelte Gemeinde. Das ist der feierliche Höhepunkt des jüdischen Gottesdienstes. Die Gemeinde steht dann symbolisch am Fuß des Berges Sinai, wo das Volk Israel stehend das Wort Jahwes empfangen hatte. Der Text der Tora ist gewissermaßen die unsterbliche Seele des Judentums. Das jüdische Volk hat sein Überdauern, seine geistige Fruchtbarkeit

Das Allerheiligste der Synagoge – der Sefer Tora

und seine Originalität während der Jahrtausende vor allem diesem Heiligen Buch zu verdanken. Die Treue zu diesem Buch *ist* das Leben des jüdischen Volks.

Das zentrale Gebot der Tora ist das der Nächstenliebe. Das Leben des frommen Juden ist nach Gottes Willen dazu bestimmt, ihm und den Menschen liebend zu dienen. Die Welt wird trotz aller Mängel und Nöte als gute Schöpfung Gottes verstanden, über die der Mensch gesetzt ist, um sie im Sinne des göttlichen Worts zu gestalten und zu bewahren. Am Ende aller Zeiten wird der aus dem Geschlecht Davids stammende Messias das Reich Gottes als Reich des Friedens für die Juden und für die Gerechten aller Völker errichten.

Neben der hebräischen Bibel, die von der Tora eröffnet wird, stellt der Talmud das zweite heilige Buch des Judentums dar. Das Wort »Talmud« bedeutet Lehre. Man kann den Talmud auch als die mündliche Tora neben der schriftlichen Tora der fünf Bücher Mose ansehen. Beide zusammen bilden das jüdische Religionsgesetz, »Halacha« (Wegweisung) genannt, also die Summe aller jüdischen Gebote und damit die Richtschnur für das alltägliche Handeln des Gläubigen. Der Talmud entstand während vieler Jahrhunderte durch mündliche und schriftliche Überlieferung. In ihm werden die Gesetze und Unterweisungen aus der Tora – und damit der Wille Gottes – bis ins Feinste ausgedeutet und diskutiert. Der jüdische Glaube kennt nach rabbinischer Auffassung exakt 613 Gebote und Verbote (hebräisch »Mitzwot«) für eine gottgefällige Lebensweise. Allerdings gab es stets auch Richtungen im gläubigen Judentum, die den Talmud wegen seiner zum Teil absonderlichen und spitzfindigen Lebensregeln ablehnten.

Wie bei allen Religionen, so gibt es auch im Judentum unterschiedliche Richtungen, ohne dass es jemals zu Spaltungen oder gar Feindseligkeit gekommen wäre, wie das innerhalb von Christentum und Islam der Fall ist. Wie in allen großen Religionen, so gibt es auch im Judentum eine mystische Unterströmung, also den Versuch, Gott nicht allein über die heiligen Bücher, sondern direkt, also körperlich zu erfahren und damit die unendliche Distanz zu ihm wenigstens in Momenten göttlicher Ekstase zu überbrücken. Das literarische Hauptwerk der jüdischen Mystik, die als »Kabbala« bezeichnet wird, ist der »Sohar« (Lichtglanz); er entstand im 13. Jahrhundert n. Chr. in Spanien und kam im 16. Jahrhundert auch nach Mitteleuropa. Aus der Kabbala ging Mitte des 18. Jahrhunderts der Chassidismus hervor, eine breite Bewegung der jüdischen Volksfrömmigkeit, die vor allem in Polen, Russland, der Ukraine und Rumänien eine blühende religiöse

Der Höhepunkt des jüdischen Gottesdienstes: Die Tora wird aus der Bundeslade geholt

Kultur hervorbrachte. Durch das ekstatische Gebet, durch Tanz und Gesang wurde die Vereinigung mit Gott gesucht. Der Chassidismus in Osteuropa ist im Holocaust des Zweiten Weltkriegs untergegangen.

Im Gegensatz dazu entstand in Westeuropa im Zuge der Aufklärung (18. Jh.) eine jüdische Reformbewegung, die versuchte, die religiöse jüdische Tradition, wie sie das orthodoxe Judentum zu bewahren sucht, mit der aufgeklärten Moderne in Einklang zu bringen. Man spricht vom liberalen Judentum. Dieses sieht in der Tora keine direkte göttliche Offenbarung, sondern betrachtet sie als menschlichen Ausdruck einer religiösen Erfahrung. Im Zuge dieser Sichtweise haben sich die liberalen gläubigen Juden auch vom Glauben an die Auferstehung der Toten und an die Wiedererrichtung des Jerusalemer Tempels verabschiedet. Sie erwarten auch nicht mehr den Messias als eine die Welt erlösende Person, sondern sprechen von einem »messianischen Zeitalter«, das dadurch entstehen wird, dass die gesamte Menschheit Gottes Willen annimmt. In jüdisch-orthodoxen Kreisen werden solche Ansichten natürlich strikt abgelehnt. Entsprechend angespannt ist auch das Verhältnis zwischen orthodoxen und liberalen Juden. Eine vermittelnde Position zwischen beiden Richtungen nimmt die konservative Masorti-Bewegung ein, in der zum Beispiel auch Frauen das Amt des Rabbiners ausüben können. Hierin drückt sich die Vielfalt und Flexibilität jüdischer Religionsausübung und jüdischer Kultur in der Moderne aus.

An der Westlichen Mauer, der sogenannten Klagemauer in Jerusalem
gibt es separate Bereiche für Männer und Frauen

Jesus Christus: Rabbi, Lehrer, Prophet oder doch Gottes Sohn und Erlöser
der Menschheit? (Mosaik in der Hagia Sofia, Istanbul)

Christentum

Keine andere Weltreligion ist in ihrem theologischen Programm so vielschichtig, gleichzeitig aber auch so rätselhaft wie das Christentum. Wohl auch deswegen ist seine Geschichte geprägt von gravierenden Aufspaltungen und einer Vielzahl an Reformbewegungen, die in immer neuen Konfessionen mündeten. Die komplizierte Geschichte beginnt schon damit, dass ihr Stifter alles andere beabsichtigte, als eine neue Religion zu gründen.

Das Christentum gäbe es ohne das Judentum nicht, denn Gott ist als Jude Mensch geworden. Jesus und seine Jünger und Jüngerinnen waren gläubige Juden. Das Neue Testament ist ein von Juden verfasstes Werk. Das Christentum ging aus einer jüdischen Reformsekte hervor, die man religionswissenschaftlich als Judenchristen zu bezeichnen pflegt. Auch viele Juden von heute betrachten Jesus als einen der ihren, als »Bruder Jesus«, wie ihn Martin Buber, der große jüdische Religionsphilosoph, genannt hat. »Jesus«, so schrieb er, »habe ich von Jugend auf als meinen großen Bruder empfunden. Dass die Christenheit ihn als Gott und Erlöser angesehen hat und ansieht, ist mir immer als eine Tatsache von höchstem Ernst erschienen, die ich um seinet- und um meinetwillen zu begreifen suchen muss.«

Für die Urchristen in Jerusalem war Jesus Rabbi, Lehrer, Prophet und vielleicht sogar Messias in einem. Doch als leiblichen Sohn Gottes und vom Tod Auferstandenen betrachteten sie ihn mit Sicherheit nicht. Diese Sichtweise wurde erst um die Mitte des 1. Jahrhunderts n. Chr. durch den Apostel Paulus in die urchristlichen Gemeinden hineingetragen. Dass Jesus selbst sich für den leiblichen Sohn Gottes hielt, den dieser mit einer irdischen Frau (Maria) gezeugt hatte, kann ausgeschlossen werden. Für einen tief im jüdischen Glauben verwurzelten Menschen – und das war Jesus ohne Zweifel! – wäre solch ein Gedanke der schlimmste Gottesfrevel gewesen. »Sohn Gottes« war ein biblischer Ehrentitel, der, bezogen auf Jesus, erst mit dem 1. Konzil von Nizäa (325 n. Chr.) wörtlich genommen wurde. Jesus spricht zwar oft von seinem »Vater im Himmel«, aber davon sprechen bis heute alle frommen Juden. Als »Herr der Welt« wird Gott als ein väter-

Petersplatz und Petersdom – Zentrum
der katholischen Christenheit

licher Gott vorgestellt. Schließlich sprechen auch die Christen im Vater unser Gott als ihren »Vater« an, ohne sich gleich für Gottes leibliche Söhne und Töchter zu halten.

Jesus wollte mit Sicherheit keine neue, das Judentum in Frage stellende Religion begründen. Von der Tora wollte er nichts wegnehmen und er wollte ihr auch nichts hinzufügen. Vielmehr verstand er sich als Reformer Israels, auf dessen zwölf Stämme er mit der Berufung von zwölf Aposteln einen geistigen Anspruch erhob. Jesus war in allem, was er tat und lehrte, jüdisch geprägt.

Doch er hat die jüdische religiöse Tradition, vor allem die zahllosen Gesetze und Gebote, zum Teil völlig neu gedeutet, verändert oder sogar verworfen und auf das für ihn Wesentliche zugespitzt. Damit entfernte er sich zwar vom Judentum als strenger Gesetzesreligion, blieb aber selbst Jude. Jesus schuf keine neue Religion, sondern hat den überlieferten Wahrheiten des Judentums in wunderbaren Gleichnissen und Sprüchen einen ganz neuen, lebendigen Ausdruck verliehen. Er berief, wie Heinrich Heine es formulierte, »alle Völker der Erde zur Teilnahme an dem Reiche Gottes, das früher nur einem einzigen auserlesenen Gottesvolke gehörte, er gab der ganzen Menschheit das jüdische Bürgerrecht«. So absurd es auch klingen mag: Jesus war kein Christ. Das Christentum entstand als neue, die Welt erobernde Religion erst nach ihm in einem Jahrhunderte währenden, konfliktreichen Prozess, der bis heute nicht abgeschlossen ist.

Von einer starren, auf Gebote und Verbote basierenden Frömmigkeit hielt Jesus nichts. Denn schließlich sagt die rituelle Reinheit eines Menschen noch nichts über seine wirkliche moralische Reinheit aus. Die strengen Schabbat-Vorschriften hielt Jesus selbst nicht ein, und dem Fasten war er zutiefst abgeneigt, was seine Widersacher dazu veranlasste, ihn als »Schlemmer und Trinker, als Fresser und Säufer« zu titulieren.

In der Distanzierung Jesu gegenüber einigen Aspekten des Judentums mag der Keim für das spätere Entstehen einer neuen Religion gelegen haben, doch hätte sie dafür niemals ausgereicht. Es bedurfte dazu einer neuen, über das Judentum hinausweisenden religiösen Botschaft, die alle Menschen – Juden und Heiden gleichermaßen – zu ergreifen vermochte. Der Kreuzestod Jesu allein reichte dafür nicht aus, denn gekreuzigt wurden von den Römern viele Juden. Die deprimierende Botschaft des Tods am Kreuz musste in eine Frohe Botschaft verwandelt werden: zum grandiosen Heilsereignis der Auferstehung, das den Menschen Jesus zum göttlichen Erlöser Christus erhöht.

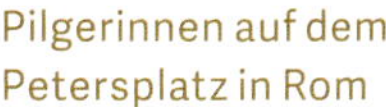

Pilgerinnen auf dem Petersplatz in Rom

Die Idee, aus dem Propheten Jesus den leiblichen Sohn Gottes zu machen, stammt von dem griechischen Juden Saulus. In einem dramatischen Bekehrungserlebnis vor den Toren Damaskus' wird aus Saulus, dem fanatischen Verfolger der Judenchristen, der leidenschaftliche Gestalter einer neuen, in Windeseile unter den Heiden sich ausbreitenden Religion: Aus Saulus wird Paulus. Ein Blitzstrahl wirft Saulus zu Boden und er vernimmt die Stimme Jesu: »Saul, Saul, warum verfolgst du mich?« Dies ist das eigentliche Stiftungsereignis des Christentums als neuer, die Welt erobernder Religion. Denn wenn Jesus zu Saulus spricht, kann dieser nicht tot sein. Der Kern der neuen Religion – die Auferstehung Jesu von den Toten – hat im Damaskusereignis des Saulus/Paulus seinen Ursprung. Mit Paulus beginnt der Prozess der Ablösung der neuen, im Judentum wurzelnden Religion bis hin zur Leugnung dieser Wurzeln. Sehr bald wird man die Juden als ein Volk von Christusmördern diffamieren und damit einen radikalen Bruch zur Religion der Väter vollziehen.

Der Grieche Paulus verknüpfte auf geniale Weise das jüdische Erbe in der Botschaft Jesu mit griechischer Mythologie und Philosophie, voran der aristotelischen. Allerdings ist zu fragen, ob Aristoteles von den christlichen Theologen überhaupt richtig verstanden wurde. Das Christentum ist ein Amalgam aus Judentum und Aspekten des antiken Griechentums. Selbst heidnische religiöse Kulte wurden vom Christentum übernommen und mit der neuen Heilsbotschaft verknüpft. Ins Zentrum der neuen Religion werden von Paulus zwei urgriechische Mysterien gerückt: erstens, die Menschwerdung eines Gottes; zweitens, seine Rückkehr aus dem Totenreich. Hinzu kommt die geradezu unfassbare, um nicht zu sagen gotteslästerliche Aufspaltung des Einen Gottes der Juden in drei göttliche Personen: Vater, Sohn und Heiliger Geist. Daraus entwickelte sich über die Jahrhunderte hinweg eine höchst komplexe und komplizierte Theologie, die vom einfachen Gläubigen nur schwer zu verstehen ist. Das tat dem Erfolg des Christentums jedoch keinen Abbruch. Es reicht der Glaube, auch wenn das Geglaubte im wahrsten Sinne des Wortes mysteriös ist. Mit dem Mensch gewordenen, von einer Jungfrau geborenen Gottessohn war die ferne und unfassbare Gottheit, von der man sich nach jüdischem Verständnis kein Bild machen durfte, auf einmal ganz nah. Jesus als Gott und Mensch wurde in unzähligen Bildern dargestellt: als einer von uns und göttlich zugleich.

Dieser neue, aufrührende und das Alte Testament in seinen Grundfesten erschütternde Glaube verhieß – und auch das war Paulus' Idee – für den Menschen eine Auferstehung von den Toten am Jüngsten Tag. Und er verhieß, was noch wichtiger war, Erlösung schon in diesem Leben. Der Tod des Gottessohnes am Kreuz wird von Paulus als Erlösungsopfer für alle Menschen gedeutet. Mit der Selbstopferung des Gottes wird die durch Adams Urschuld begründete Erbsünde aller Menschen gesühnt. Über seinen geopferten Sohn geht Gott einen neuen Bund mit den Menschen ein, der in der »Eucharistie« (Abendmahl) jedes Mal aufs

Neue durch Brot und Wein besiegelt wird. In der Eucharistie, dem Höhepunkt des christlichen Gottesdienstes, nimmt der Gläubige in der geweihten Hostie die spirituelle Essenz Gottes selbst körperlich zu sich und nimmt so direkt Anteil am göttlichen Sein. Doch ganz umsonst ist die Erlösung nicht. Der Mensch muss schon das Seinige dazu tun, damit sich die verheißene Erlösung auch verwirklicht: indem er an Christus glaubt und die göttliche Gnade im bewussten Akt des Glaubensbekenntnisses annimmt. Gleichzeitig muss er jeglicher Sündhaftigkeit entsagen, um so die Liebe zu Gott und den Menschen alltäglich zu verwirklichen.

Diese so wirkungsvolle neue Lehre war allerdings gar nicht so neu. Sie wurzelte in der alten jüdischen Vorstellung, dass der Einzelne nicht die Folgen seiner Verfehlungen zu tragen hat und auch nicht als Einzelner durch die Gnade Gottes erlöst wird, sondern dass stets die Menschheit als Ganzes sich versündigt und eine Erlösung nur auf die Gemeinschaft aller Menschen bezogen sein kann. Eine Individual-Erlösung ist somit weder im Judentum noch im Christentum vorge-

Kaiser Konstantin
erhebt das Christentum
zur Staatsreligion

sehen. Das übersieht der Christ allzu gern in seiner Suche nach persönlichem Heil und seinem Anspruch auf einen Platz im Paradies.

Die neue Religion breitete sich, von den Missionsreisen der Apostel beflügelt, rasch im ganzen Römischen Reich aus und fand vor allem in den unteren Volksschichten der heidnischen Welt, den »Mühseligen und Beladenen«, starken Widerhall, stellte sie doch als Entschädigung für das irdische Elend die ewige Glückseligkeit in Aussicht. Von Seiten der Herrschenden, die ihre Macht auf den alten heidnischen Staatsgöttern gründeten und sich selber als Götter verehren ließen, hatte das Christentum zunächst starke Verfolgungen zu erleiden. Doch als der christliche Glaube auch in der gesellschaftlichen Oberschicht immer mehr Anhänger fand, war es nur noch eine Frage der Zeit, wann das Christentum innerhalb des Römischen Reichs den Sieg über das Heidentum davontragen würde.

Im römischen Kaiser Konstantin I. (306–337 n. Chr.) fand sich endlich der Herrscher, der im Christentum die geistige und auch politische Kraft der Zukunft erkannte; er erhob die neue Religion zur Staatsreligion. Erst der Bund mit der weltlichen Macht Konstantins begründete die weltgeschichtliche Wirkung des Christentums über das rein Religiöse hinaus. Konstantin war es aber auch, der ungewollt die erste Spaltung der Christenheit vorbereitete, indem er seinen Herrschersitz im Jahre 330 n. Chr. von Rom nach Byzanz (Konstantinopel) verlegte. So bildete sich neben Rom ein zweites christliches Machtzentrum heraus. Beide standen sehr bald in Rivalität zueinander, bis es schließlich zum Bruch zwischen der römisch-katholischen und der byzantinisch-katholischen (griechisch-orthodoxen) Kirche kam; er gipfelte in der Kirchenspaltung des Jahres 1054, als die beiden Kirchenfürsten einander mit dem Kirchenbann belegten. Dieser blieb immerhin bis zum Jahre 1965 gültig.

Als die Stadt Konstantinopel 1453 von den islamischen Türken erobert wurde, trat Russland an seine Stelle und übernahm die Rolle des Beschützers des griechisch-orthodoxen Glaubens, dessen Machtzentrum fortan Moskau war. Bis dahin war die katholische Kirche in Rom längst zu einer rigiden Staatsreligion degeneriert, die Glaubensabweichler gnadenlos durch die Glaubensgerichte der Inquisition verfolgte. Die katholische Kirche verweltlichte dabei mehr und mehr und agierte als einflussreiche weltliche Macht auf der politischen Bühne. Dabei verkam sie moralisch und sittlich und fand nicht mehr die Kraft, sich innerlich zu reformieren. Dazu bedurfte es des Anstoßes von außen in Gestalt eines kleinen deutschen Augustinermönchs mit Namen Martin Luther (1483–1546). Mit dem Anschlag seiner berühmten 95 Thesen an die Pforten der Schlosskirche zu Wittenberg am 31. Oktober 1517 begann die zweite große Spaltung der Christenheit, die Luther selbst freilich nicht gewollt hatte. Ihm war es einzig um eine »Reformation der Kirche an Haupt und Gliedern« gegangen. Doch brachte er mit seinen Thesen eine religiöse Erneuerungswelle ins Rollen, die letztlich die ge-

Vereinfacher des Glaubens: Martin Luther

samte Heilslehre der katholischen Kirche treffen und ihre Glaubenseinheit zerstören musste.

Nach reformierter, also protestantischer Auffassung ist jeder Gläubige Gott gegenüber selbst verantwortlich. Als Glaubensquelle steht ihm dabei einzig die Heilige Schrift zur Verfügung. Die katholische Kirche hingegen betrachtet zudem die Überlieferungen von heiligen Männern und Frauen, Päpsten und Kirchenlehrern als gleichwertige Glaubensquellen. Großen Wert legt sie, anders als die protestantische Kirche, auf Kult und Ritus im Gottesdienst. Der Protestantismus lehnt den katholischen Heiligenkult ab, ebenso das Mönchstum und den Zölibat, also die Ehelosigkeit des Priesters. Für Luther stand die Ehe als heiliges Sakrament nicht im Gegensatz zum Priesteramt. Im Protestantismus wird der Glaube vereinfacht, das religiöse Gefühl wird durch die religiöse Vernunft ersetzt; entsprechend nüchtern und streng ist der protestantische Gottesdienst. Dagegen ist der katholische Kultzauber bei den Festgottesdiensten geradezu atemberaubend, was nicht zuletzt dem dabei reichlich verbrannten Weihrauch zu danken ist.

Dennoch gibt es zwischen den drei großen christlichen Kirchen mehr Einendes als Trennendes. Gemeinsames Fundament aller drei Kirchen, ja aller Christen, ist die schwer verständliche Idee des aus drei Personen bestehenden Einen Gottes, wobei unter »Person« eine Wesenheit zu verstehen ist, die für sich gesondert existiert und Herr ihrer Handlungen ist, wobei alle drei dieselbe göttliche Natur besitzen. Um das zu verstehen, muss man freilich Theologie studieren. Vereint sind alle christlichen Kirchen auch in der Anerkennung des Abendmahls

Katholische Lust an optischem Glanz – Weinkelch und Hostienschale für die Eucharistie

als wichtigstem Sakrament. Es wurde von Jesus selbst am Vorabend seines Leidens eingesetzt, als er mit seinen Jüngern den Seder-Abend des jüdischen Pessachfests beging. Allerdings ist das Abendmahl für die Protestanten nur ein symbolisches Mahl, während die Katholiken in der geweihten Hostie die leibliche Essenz Christi zu empfangen meinen. Gemeinsam sind allen Christen auch das heilige Ritual der Taufe und der Glaube an die göttliche Wahrheit des Bibelworts.

Diese grundlegenden Glaubensfundamente aller Christen ändern freilich nichts daran, dass die Christenheit von heute eine unübersehbare Vielfalt an Glaubensrichtungen und Sekten zeigt: es gibt weltweit rund 33000 christliche Konfessionen, während es um das Jahr 1900 nicht mal 2000 waren. Das macht es äußerst schwierig, eine feste und allgemeingültige Definition des Christentums zu geben über die Frohe Botschaft des Evangeliums hinaus.

Muhammad auf der Flucht von Mekka nach Medina
(Miniaturmalerei 17. Jahrhundert)

Islam

Der Islam ist die jüngste und zweitgrößte monotheistische
Weltreligion. In der Ablehnung jeglicher bildlichen Darstellung
Gottes, in der Art wie die rituellen Vorgaben den Tagesablauf
eines jeden gläubigen Muslims durchdringen, in der Lehre von
der Überwindung des Selbst, setzt sich der Islam deutlich
von Judentum und Christentum ab. Aber gerade darin liegt
auch ein Grund für seine Popularität.

Die dritte und jüngste monotheistische Weltreligion ist der Islam. Im Vergleich
zum Christentum mit seiner komplizierten Theologie ist der Islam eine einfache,
jedermann eingängige Religion. Muslim zu sein heißt, sich Allah ganz zu ergeben. Das Wort »Islam« bedeutet Ergebung. Dabei ist Allah der gleiche Gott, den
auch Juden und Christen anbeten.

Diese Ergebung in Allah wird im Glaubensbekenntnis der Muslime in knap-
pen und klaren Worten zum Ausdruck gebracht: »Es gibt keinen Gott außer Allah, und Muhammad ist sein Prophet.« Dieses Bekenntnis ist die erste der fünf
Säulen des Islams. Die übrigen sind: das Gebet, das täglich fünfmal nach festen
Regeln zu entrichten ist, dann das Fasten, für das ein ganzer Monat (Ramadan)
vorgesehen ist, das Almosengeben, und schließlich die Wallfahrt nach Mekka,
die jeder Muslim wenigstens einmal in seinem Leben zu unternehmen hat. Muslim ist jeder, der sein Leben auf diese fünf Grundpfeiler des Glaubens stellt. Die
Einfachheit der islamischen Ethik, die ohne theologische Spitzfindigkeiten aus-
kommt, ist gewiss ein wichtiger Grund für den großen Erfolg des Islams in der
Welt. 1,7 Milliarden Menschen gehören dieser Religion an.

Muhammad (ca. 571–632) ist der Begründer des Islams. Er wurde in der Stadt
Mekka, im heutigen Saudi Arabien, in armen Verhältnissen geboren und musste schon sehr früh als Hirte und Kameltreiber zum Lebensunterhalt der Familie
beitragen. Die entscheidende Wende in seinem Leben begann an jenem Tag, da
er mit 25 Jahren in den Dienst der reichen, 40-jährige Kaufmannswitwe Chadidscha trat, die ihm schließlich antrug, sie zu heiraten. Beide führten eine sorglose
und glückliche Ehe, aus der zwei Söhne und vier Töchter hervorgingen. Die
Söhne starben sehr früh, was für die spätere Entwicklung des Islams schwer-

Eine der Säulen des Islams: die Pilgerfahrt
zur Haram-Moschee in Mekka

wiegende Folgen haben sollte. Denn die Regelung der Nachfolge Muhammads musste so zwangsläufig zu Konflikten führen.

Um das 40. Lebensjahr befiel Muhammad das, was man heute eine Midlife-Crisis zu nennen pflegt: die Geschäfte interessierten ihn nicht mehr, da sie ohnehin von selber liefen. Dafür beschäftigte ihn umso stärker die Frage nach dem Sinn des Lebens. Er zog sich immer öfter in die Einsamkeit der Wüste zurück, übte sich in strengem Fasten und hoffte, vielleicht auf diesem Weg zu tieferer Erkenntnis zu gelangen. Eines Tages hatte er in einer Höhle des Berges Hira außerhalb Mekkas sein erstes visionäres Erlebnis: Ihm erschien im Traum, so berichtet die Legende, der Erzengel Gabriel, jener Engel, der auch im Juden- und Christentum für die Vermittlung göttlicher Offenbarungen zuständig ist. Als er aus dem Traum erwachte, hörte Muhammad eine Stimme vom Himmel herab sagen: »Muhammad, du bist der Gesandte Allahs, und ich bin Gabriel.« Damit war der Einbruch des göttlichen Worts in die Welt aufs Neue geschehen. 600 Jahre nach Jesus betrat ein neuer Prophet die Bühne des religiösen Welttheaters.

Muhammads Sendung bestand darin, Allahs eigene Worte, die der Prophet in klarer arabischer Sprache während 23 Jahren empfangen sollte, in der Welt zu verbreiten. Der Koran (das Wort bedeutet Lesung, Rezitation) ist also kein von Muhammad verfasstes Buch, sondern göttlichen Ursprungs, nicht anders als die Tora im Verständnis der gläubigen Juden. Wie die Tora, so ist auch der Koran nur ein Teil jenes ewigen Buches, das bei Jahwe/Allah liegt und bereits vor der Schöpfung existierte. Im Koran selbst heißt es, dass die Worte Allahs unendlich und unerschöpflich sind. Daraus könnte man sogar ableiten, dass für die Zukunft weitere göttliche Offenbarungen zu erwarten sind.

Muhammad zog stets eine scharfe Trennungslinie zwischen dem, was er von Allah, vermittelt durch Gabriel, an Offenbarungen empfing, und dem, was ihm sein eigenes Denken eingab. Und so wird auch im Islam streng zwischen beiden Glaubensebenen unterschieden. Die Lebensregeln, die Muhammad selbst für seine Gläubigen aufgestellt hat, sind in den sogenannten »Hadithen« gesammelt, ähnlich wie die religiösen Anweisungen des Judentums im Talmud. Die Hadithen bilden als »heilige Gewohnheit« (Sunna) des Propheten die zweite große Glaubensquelle des Islams. Die Gesetze des Islams liegen somit allein im Koran begründet, doch wurden sie von Muhammad in den Hadithen weitergeführt, um

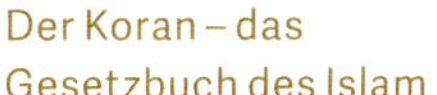

Der Koran – das Gesetzbuch des Islam

schließlich in die Scharia einzumünden, die die Summe aller Regeln für das Leben des Gläubigen beinhaltet. Sie ist Gesetz, juristischer Leitfaden, moralische Orientierung und Alltagsvorschrift in einem. Wer nach der Scharia lebt, ernährt sich halal und trinkt keinen Alkohol, verrichtet fünfmal am Tag sein Gebet, hat außerhalb der Ehe keinen Geschlechtsverkehr, bezichtigt andere nicht fälschlich der Unzucht und begeht weder Raub noch Diebstahl. Dies sind die fünf »Hadd«-Verbrechen, die den Kern des alten Scharia-Strafrechts bilden.

Seine Offenbarungen hat Muhammad gleichsam in Bruchstücken empfangen; diese sind im Koran in 114 Kapiteln, den sogenannten Suren, zusammengestellt. Der Inhalt des Korans ist äußerst vielfältig und vielschichtig und bedarf der Deutung durch islamische Schriftgelehrte bis auf den heutigen Tag. Es finden sich darin zahlreiche, sprachlich sehr kunstvoll gestaltete Lobpreisungen Allahs, die von einem tiefen, geradezu ekstatischen religiösen Gefühl zeugen, ausgedrückt in dynamischen, sehr poetischen und kraftvollen Worten. Betont und endlos wiederholt wird das Bekenntnis zu Allah, dem einen, unteilbaren Gott, gepriesen wird seine Größe und Barmherzigkeit. Allah, wie von Christen oft missverstan-

Die Sultan-Ahmed-Moschee in Istanbul. Wegen der reich verzierten blauen Fliesen, die Teile des Innenraums schmücken, wird sie auch Blaue Moschee genannt

den, ist kein neuer Gott, sondern der ewige Eine, den seit Jahrtausenden schon die Juden als Jahwe angebetet haben. Allah ist nur der arabische Name dieses Einen, auch von den Christen angerufenen Gottes. So sprechen auch arabische Christen von Allah.

Die Ethik und Sittenlehre des Islams ist, wie schon erwähnt, viel einfacher und diesseitiger als jene des Christentums. Das war mit ein Grund für das ungeheure Tempo, mit dem sich die neue Religion in der Welt ausbreitete. Ihr Siegeszug begann im Jahre 622 mit der Abkehr Muhammads von Mekka, die als »Hidschra« (Flucht) bezeichnet wird. Mit ihr beginnt die islamische Zeitrechnung. Nach dem Tod seiner Frau Chadidscha im Jahre 619 waren die Anfeindungen gegen Muhammad immer stärker geworden, vor allem von Seiten der Mächtigen in der Stadt, denen er mit seiner neuen religiösen Botschaft gefährlich zu werden drohte, stützte sich ihre Macht doch auf die alten heidnischen Götzendienste. Mit seinen engsten Vertrauten ging Muhammad deshalb in das 300 Kilometer entfernte Medina, wo es eine starke jüdische Gemeinde gab, von der er sich Unterstützung für seine monotheistische Lehre erhoffte. Sie wurde ihm allerdings von den Juden verweigert. Dennoch vermochte Muhammad in Medina Fuß zu fassen und mit viel Geschick von dort aus die rivalisierenden und oftmals zerstrittenen Stämme und Clans der Araber zu einen. Damit weckte er ungeahnte Kräfte in diesem Wüstenvolk, das bis dahin abseits der Machtzentren der Welt existiert hatte.

Die ehemalige Koranschule Medersa Al-Attarin
im marokkanischen Fes

Mit der Einnahme Mekkas im Jahre 630, die nach Jahren der kriegerischen Auseinandersetzung ohne jegliches Blutvergießen geschah, schuf Muhammad die Grundlagen für seinen Gottesstaat, in dem er selber nicht nur das geistige Oberhaupt einer neuen Religion war, sondern absoluter, mit einem König zu vergleichender Herrscher. Er bestimmte die Gesetze und die Rechtsprechung, legte die Steuern fest und war Oberbefehlshaber des Heeres. Muhammad selbst sah sich jedoch nicht als König, sondern nur als Vollstrecker göttlicher Befehle.

Als Muhammad im Jahre 632 plötzlich starb, musste sein alter Weggefährte Abu Bakr als erster Kalif (Stellvertreter des Propheten) die Zügel der Macht fest in die Hand nehmen, um einen Zerfall des jungen Gottesstaats zu verhindern. Doch in der Machtübernahme durch Abu Bakr lag bereits die Ursache für die spätere Spaltung des Islams. Da Muhammad keinen Sohn als Nachfolger hatte, wäre nach dem Gesetz der Erbfolge sein Schwiegersohn Ali, der mit Muhammads Tochter Fatima verheiratet war, legitimer Erbe der Macht gewesen. So aber folgten auf Abu

Bakr die Kalifen Omar und Osman, die allerdings beide ermordet wurden, sodass Ali schließlich doch als vierter Kalif zu seinem Recht kam. Doch mit dem Tod Alis kam es zur Spaltung des Islams, die bis zum heutigen Tag andauert. Denn der mächtige Statthalter von Syrien, Moawija, ließ sich selbstmächtig zum neuen Kalifen ausrufen, während die Söhne Alis ebenfalls ihre Erbansprüche geltend machten. So kam es zur Bildung der auf Ali sich berufenden Glaubenspartei der »Schia« (wörtlich: Absplitterung), jener Richtung im Islam, der sich die Schiiten zuordnen. Sie lehnen die ersten drei Kalifen ab, ebenso natürlich alle, die auf Moawija folgten. Heute machen die Schiiten etwa 10 Prozent der Muslime aus; sie leben vor allem in Iran, wo der schiitische Islam seit dem 16. Jahrhundert Staatsreligion ist. Größere Gruppen von Schiiten finden sich auch im Süden Iraks, in Syrien, dem Libanon, Aserbaidschan, Afghanistan und Pakistan. Die große Mehrheit der Muslime bezeichnet sich als Sunniten. Sie berufen sich allein auf die Sunna, das heißt auf die Überlieferung des Propheten und seiner engsten Vertrauten, zu denen Muhammads Schwiegersohn Ali und dessen Nachfahren nicht gezählt werden.

Die Spaltung des Islams änderte nichts an seinem unbändigen Ausdehnungswillen. In den ersten 100 Jahren nach Muhammads Tod reichte sein Einflussgebiet bereits von Spanien über ganz Nordafrika bis an die Grenzen Chinas. Um die erste Jahrtausendwende kam Indien hinzu, von wo er sich bis nach Indonesien ausbreitete, das heute der bevölkerungsreichste islamische Staat ist. Durch seine Eroberungen kam der Islam seinerseits unter den Einfluss fremder Kulturen. Er nahm Gedankengut der griechischen, persischen und indischen Religionen und Philosophien bereitwillig in sich auf. So wurde die islamische Welt zum Ort einer starken geistigen Blüte in Kunst und Wissenschaft. Doch im Lauf der Zeit verhärtete sich der Islam als Glaubenssystem gegen sein eigenes inneres Wesen, das von Offenheit, Toleranz und Vernunft geprägt ist. Irgendwann lautete das Wissensdogma des Islams: Alles Wissenswerte steht im Koran. Die Folgen dieser geistigen Selbstbeschneidung, die von den religiösen Führern betrieben wurde, sind bis heute spürbar und lassen sich folgendermaßen auf den Punkt bringen: Jeder fünfte Mensch auf der Erde bekennt sich zum Islam, aber nur jeder hundertste Wissenschaftler ist ein Muslim.

Blick auf die Klagemauer und den Felsendom
in Jerusalem

Die Religionen im Vergleich
Die übersehenen Gemeinsamkeiten

Betrachtet man die drei monotheistischen Religionen nur nach ihren zentralen Glaubensinhalten, so wird offenkundig, dass sie in einem engen Verwandtschaftsverhältnis zueinander stehen; sie entspringen einer einzigen Glaubenswurzel, die in der Bibel zugrunde gelegt ist.

Dass das Christentum eine Tochterreligion des Judentums ist, muss nicht weiter erläutert werden. Doch auch Judentum und Islam – und damit auch Christentum und Islam – sind eng miteinander verwandt. Es ist ein und derselbe göttliche Geist, der die drei Religionen im Innersten beseelt. Der biblische Abraham ist gleichermaßen der Glaubensvater von Juden, Christen und Muslimen. In der biblischen Geschichte von Isaak und Ismael, den Söhnen Abrahams, ist die Bruderschaft von Judentum und Islam als Legende begründet. Abraham verstößt auf Bitten seiner Frau Sara den erstgeborenen Sohn Ismael, den er mit Hagar, einer ägyptischen Sklavin, gezeugt hatte; er schickt ihn buchstäblich in die Wüste. Ismael wird zum legendären Ahnherrn aller arabischen Wüstenstämme, während Isaak als Ahnherr aller jüdischen Stämme gilt. Beide Völker sind semitische Brudervölker. Der uralte Streit zwischen ihnen ist ein typischer Bruderzwist, den Urvater Abraham durch seine Ungerechtigkeit verschuldet hat.

Religionsgeschichtlich erscheint der Islam als die arabische Gestalt von Abrahams Urmonotheismus und steht so in enger geistiger Nähe zum Judentum. Das kommt auch darin zum Ausdruck, dass die Kaaba in Mekka, das höchste Heiligtum des Islams, als ein von Abraham gestiftetes Bauwerk gedeutet wird. So gesehen erscheint der Islam religionsgeschichtlich als die arabische Form des Judentums – und in gewisser Weise auch als die arabische Form des frühen Christentums. Jedoch haben nicht nur Judentum und Christentum den Islam auf den heilsgeschichtlichen Weg gebracht, sondern es gab später auch eine umgekehrte Wirkung des Islams auf Judentum und Christentum. In religionswissenschaftlicher Sicht zeigt zum Beispiel der Koran gerade in seinen ältesten Teilen eine ansehnliche christliche Textschicht. Das hat manche Forscher sogar zu der kühnen These verleitet, der Islam sei ursprünglich eine christliche Sekte gewesen, so wie auch das Christentum aus einer jüdischen Sekte hervorgegangen war.

Tatsächlich zeigt sich der Koran in hohem Maße von jüdisch-christlicher Ethik durchströmt. In seinen ältesten Elementen erhebt der Koran keineswegs den Anspruch, die jüdische und christliche Botschaft durch eine neue ersetzen

Sarah führt Hagar zu Abraham (Replik eines Gemäldes aus dem 17. Jahrhundert)

zu wollen, sondern er will diese monotheistische Glaubenstradition in neuer Form den heidnischen Arabern nahe bringen. Es könnte sogar sein, dass die Araber vor Muhammads Wirken gar nicht so heidnisch waren, wie die islamische Tradition es sehen will. Womöglich waren sie bereits stark von den jüdischen und christlichen Gemeinden, die es im arabischen Raum seit langem gab, beeinflusst. Der Koran wäre damit aus der spätantiken religiösen Kultur der Mittelmeerregion hervorgegangen und selbst ein Teil des historischen Vermächtnisses der Spätantike. Er wäre nicht urplötzlich aus dem Nichts entstanden, sondern auf dem äußerst fruchtbaren Boden der jüdisch-christlichen Tradition gewachsen.

So wissen die wenigsten Christen, wie sehr die Muslime Jesus, den die Araber Jsa nennen, als einen der wichtigsten Propheten verehren. Der Islam sieht in Jesus einen Verfechter des einen wahren Glaubens, wie ihn auch Muhammad verkündet hat. Jesus ist auch für Muslime der Sohn Marias und sein Wort ist das Wort Allahs. Aber er war nie und nimmer Allahs leiblicher Sohn, sondern sein menschlicher und damit sterblicher Diener, nicht anders als Muhammad. Übrigens greift hier der Islam nur eine Diskussion auf, die im frühen Christentum selbst zu heftigem Streit geführt hatte: ob Jesus nur Mensch oder zugleich auch Gott sei. Auch in der Frage der Kreuzigung Jesu weicht der Islam entschieden von der christlichen Vorstellung ab. Nach islamischem Verständnis würde Allah es niemals zulassen, dass einer seiner Propheten gedemütigt, gepeinigt und grausam ermordet wird. Im Islam wird deshalb die Ansicht vertreten, dass eine Kreuzigung Jesu niemals stattgefunden hat. Erstaunlich ist freilich, dass auch die Muslime an die endzeitliche Wiederkunft Jesu glauben, dem Allah einen Ehrenplatz im Himmel eingeräumt habe, allerdings ohne göttliche Würde. Beim Jüngsten Gericht, so die islamische Lehre, wird Jesus vom Himmel herabsteigen und Satan töten, um für 40 Jahre sein Reich des Friedens und der Gerechtigkeit zu errichten, das freilich ein Reich nach islamischem Gesetz (Scharia) sein wird.

In der Beurteilung des Christentums sind sich also Juden und Muslime in wesentlichen Punkten einig: Jesus ist nicht der fleischgewordene Sohn Gottes, denn Gott ist untrennbar Einer. Die Welt ist nicht durch Christi Tod am Kreuz erlöst worden, sondern harrt noch immer ihrer Erlösung. Der Eine Gott offenbart sich nur in den heiligen Schriften, und man darf sich von ihm kein Bild machen. Auch von den Propheten darf es keine Bilder geben. Somit zeichnet die drei monotheistischen Religionen sowohl Einigkeit als auch Gegensatz aus. Dabei obliegt es nicht dem Menschen, über das Richtige und Falsche in den Religionen zu urteilen. Ein solcher Richtspruch bliebe allein Gott vorbehalten, doch lässt dieser bis heute auf sich warten. Gott hält sich aus dem Streit der Religionen heraus, was darauf schließen lässt, dass er jeden aufrichtigen Glauben an ihn als wahren Glauben anerkennt. Wie zum Gipfel eines Bergs, so führen auch zu Gott viele Pfade. Es ist letztlich egal, welchen man wählt – beschwerlich sind sie alle.

Das Glück des Mönchen – Flüssiges bricht das Fasten nicht
(Gemälde aus dem 19. Jahrhundert)

Mit Jahwe, Gott und Allah am Tisch
Grenzen und Möglichkeiten

Und jetzt kommen wir zum eigentlichen Anliegen. Es geht darum gläubige Christen, Muslime und Juden an einen Tisch einzuladen und gemeinsam zu speisen. Die Aufgabe ist, wie eingangs erwähnt, anspruchsvoll. Hier ist Vorwissen gefragt, eine gründliche Vorbereitung sowieso Einfühlungsvermögen. Aber auch Überzeugungskraft sowie mancher Appell an die Gemeinschaft, den Andersgläubigen am Tisch zu respektieren, also anzuerkennen, dass der Andere anders ist.

Die Intention dieses multireligiösen Kochbuchs setzt eine religiöse Toleranz voraus, die man zumindest bei den strenggläubigen Vertretern der jeweiligen Religion derzeit nicht erwarten darf. Gerade die monotheistischen Religionen zeigen eine starke Neigung, sich voneinander abzugrenzen. Das liegt in ihrem Wesen.

Der Glaube der anderen stört das Bedürfnis nach einem exklusiven Verhältnis zu Gott. Jede Religion wird von ihren Anhängern für die beste, ja einzig richtige gehalten. Das macht das Miteinander schwierig. Sich mit Angehörigen anderer Religionen zum Essen an einen Tisch zu setzen, hat nur dann einen Sinn, wenn jeder der Versammelten von der Gleichwertigkeit aller Religionen überzeugt ist.

So oder so wird ein multireligiöses Essen nur auf der Grundlage der religiösen Speisevorschriften funktionieren, die, wie bereits dargelegt, im Judentum vielfältig, im Islam überschaubar und im Christentum fast gar nicht vorhanden sind. Beim Durchschnittschristen von heute beschränken sie sich auf eine mehr oder weniger laxe Einhaltung der Fastenzeiten, in denen kein Fleisch gegessen werden darf. Im Christentum ist während der Fastenzeit von jeher der Alkoholgenuss erlaubt, gemäß der alten Glaubensregel: »Flüssiges bricht das Fasten nicht.« Diese Freiheit führte im katholisch geprägten Süddeutschland sogar dazu, dass sich viele Klöster bis zum heutigen Tag auf die Kunst des Bierbrauens verstehen und speziell zur vorösterlichen Fastenzeit ein besonders starkes Bier unters Volk bringen. Es wurde mit dem wunderbar ironischen Titel »Fastenbier« bedacht.

Die Essensgebote im Islam haben wir bereits erwähnt. Wie im Judentum muss das zum Verzehr erlaubte Tier rituell geschlachtet werden, damit es halal (erlaubt) ist.

Allein das Judentum hat, was das Essen betrifft, äußerst umfangreiche, detaillierte, mehr oder weniger aus der Tora abgeleitete Regeln aufgestellt, die der fromme Jude einzuhalten hat. Was er isst und trinkt, hat koscher zu sein. Das hebräische Wort »koscher« bedeutet tauglich, sauber, rein. Dass gerade das Judentum ein umfassendes, den Alltag erschwerendes Regelwerk für die gottgefällige Speise hervorgebracht hat, ist insofern erstaunlich, als es sonst einen ziemlich

Nur Fische mit Flossen und Schuppen sind koscher.

lockeren Umgang mit allen leiblichen Genüssen pflegt, die das Leben erst lebenswert machen. Sie werden als Geschenke Gottes aufgefasst. Alles, was zur Natur des Menschen gehört, soll von ihm auch gelebt werden, so die jüdische Maxime. Dem Judentum ist, anders als dem Christentum und dem Islam, jede Form der Askese fremd, vom höchsten Festtag (Jom Kippur) mal abgesehen, an dem 24 Stunden gefastet wird. Das Judentum kennt kein Mönchstum, keine Selbstkasteiung, keine Vorbehalte gegenüber der Sexualität, zumal jener der Frau.

Das koschere Regelwerk der Juden (Kaschrut) dient keiner hygienischen, sondern allein der rituellen Reinheit. Es ist von Gott in der Tora eingesetzt worden und bedarf deshalb keiner weiteren Begründung. Die Vorschriften des Kaschrut sind in ihrer Gesamtheit ziemlich kompliziert, weshalb hier nur die Grundregeln genannt werden sollen: Koscher, und damit essbar, sind Säugetiere mit gespaltenen Hufen (Paarhufer), aber sie müssen gleichzeitig auch Wiederkäuer sein. Damit kommen nur Rind, Schaf, Ziege und Rehwild in Frage. Im Prinzip dürfte der fromme Jude zum Beispiel auch die Giraffe essen, da sie ebenfalls beide Kriterien erfüllt. Nicht koscher ist hingegen das Schwein, obwohl es ebenfalls zu den Paarhufern zählt; doch gehört es nicht zu den Wiederkäuern. Auch Pferde, Esel, Kamele, Hunde, Katzen, Bären etc. dürfen logischerweise nicht gegessen werden, auch Hase und Kaninchen nicht. Von den vielen Fischarten sind nur jene koscher, die die klassischen Attribute eines Fisches, nämlich Schuppen und Flossen aufweisen. Verboten sind damit zum Beispiel Aal, Wels, Stör oder Hai. Meeresfrüchte wie Muscheln, Krabben oder Krebse sind nicht koscher. Geflügel wie Huhn, Gans, Ente, Pute oder Taube hingegen schon. Verboten sind alle Reptilien, Amphibien und Insekten, von exakt vier Heuschreckenarten abgesehen, die Moses und seinem Volk bei der 40-jährigen Wanderung durch die Wüste als Nahrung dienten.

Damit das erlaubte Tier auch wirklich zu einer koscheren Nahrung wird, muss es nach den strengen Ritualen des Schächtens getötet werden. Dieses ist allein einem eigens dafür ausgebildeten Schlachter, dem Schochet, erlaubt. Schächten bedeutet, dass mit einem einzigen schnellen und tiefen Schnitt die Halsschlagader, die Luft- und Speiseröhre sowie wichtige Nervenstränge im Hals des Tieres durchtrennt werden. Ein auf der Jagd getötetes Tier kommt somit für ein koscheres Essen von vornherein nicht in Frage. Auch verendete Tiere dürfen nicht gegessen werden. Ein weiteres wichtiges Gebot des Kaschrut ist die strikte Trennung von Fleisch und Milch. Beides darf man als gläubiger Jude nicht zusammen kochen und essen. Dieses Verbot geht sogar noch weiter: Geschirr und Bestecke dürfen entweder nur für milchige oder fleischige Speisen verwendet werden und sind auch getrennt abzuspülen. Sogar im Küchenschrank soll das Milch- und Fleischgeschirr getrennt voneinander aufbewahrt werden. Und dass es für Fleisch und Milch getrennte Kühlschränke gibt, versteht sich von selbst. Gerade daran sieht man, dass es hierbei nicht um hygienische, sondern rituelle Gepflogenheiten geht.

Der gläubige Jude würde bei unserem multireligiösen Essen selbstverständlich Wert darauf legen, dass die Speisen nach den Gesetzen des Kaschrut zubereitet sind, was konsequenterweise hieße, dass der Koch in der Lage sein müsste, koscher zu kochen und auch die Möglichkeit hätte, koschere Lebensmittel einzukaufen. Ein multireligiöses Essen wäre also von vornherein ein koscheres Essen, andernfalls würde man den gläubigen Juden von der gemeinsamen Tafel ausschließen. Christen und Muslime sollten damit kein Problem haben, da koscheres Essen auch für sie gottgefälliges Essen ist. Wo rein vegetarisch gekocht wird, fällt dieses Problem buchstäblich unter den Tisch. Allerdings wird in der koscheren Küche penibel darauf geachtet, dass Obst und Gemüse nicht von Insekten befallen sind, wie man sie häufig bei Blumenkohl, Brokkoli, Salat und im Innern vieler Obstsorten findet. Denn wie heißt es im 3. Buch Mose: »Alles Kleingetier, das sich auf dem Boden bewegt, dürft ihr nicht essen, denn es ist abscheulich.«

Jüdische Gerichte zu kochen, ohne dabei die Gesetze des Kaschrut zu berücksichtigen, wäre also ein fundamentaler Widerspruch; beides ist nicht voneinander zu trennen. Freilich gibt es auch nichtreligiöse Juden, denen das Koschere buchstäblich »wurst« ist – mit einer Einschränkung: vom Schwein dürfte die Wurst nie und nimmer sein. Allerdings stellt ein wunderbarer jüdischer Witz selbst das in Frage: »Cohn kommt zum Metzger, zeigt geradewegs auf einen Schinken und sagt: ›Ich hätte gern diesen Fisch dort.‹ ›Aber das ist doch ein Schinken‹, erwidert der Metzger. Darauf Cohn: ›Ich hab' doch nicht gefragt, wie der Fisch heißt!‹« Oder anders gesagt: das Kaschrut ist immer offen für Interpretation. Ohnehin ist es so, dass die jüdischen Speisegesetze überall dort, wo sie über das Grundlegende hinausgehen und auszuufern drohen, auch von liberal-religiösen Juden ziemlich freizügig ausgelegt werden. Schließlich ist nirgendwo in der Tora zu lesen, dass es zur Zubereitung und Lagerung koscherer Speisen unbedingt zweier Geschirre oder Kühlschränke bedarf. Vielen Juden reicht es, die Speisegesetze zu kennen, ohne sie zwanghaft einzuhalten. Doch an den Feiertagen sind selbst säkulare Juden geneigt, die Grundregeln des Kaschrut zu befolgen – aus purer Liebe zur jüdischen Tradition.

In den religiösen Speisevorschriften kommt aber noch etwas anderes zum Ausdruck: Der religiöse Mensch spürt insgeheim, dass das Töten und Verzehren von Tieren alles andere als ein banaler Akt ist, sondern Opfercharakter besitzt. Dieser zeigt sich ganz besonders an den religiösen Festtagen, an denen die Gottheit in Gedanken mit am Tisch sitzt und seinen Segen gibt. Das Essen eines Tieres, zumal eines Säugetieres, hat eine spirituelle Dimension, der man sich als sensibler und zudem religiöser Mensch nicht so einfach entziehen kann. Davon rührt auch die religiöse Sitte des Tischgebets, die, neben dem Dank an Gott, untergründig auch eine Form der Entschuldigung gegenüber dem getöteten Tier darstellt. Damit ist das gemeinsame Essen mehr als bloße Nahrungsaufnahme. Es ist eine Handlung, die ans Transzendente rührt: eine Kommunion, also ein

Heil versprechendes Gemeinschaftsmahl. Der Spruch »Man ist, *was* man isst« erweitert sich ganz von selbst zu einem »Man ist, *wie* man isst.« Bei aller Transzendenz sollte man trotzdem eines nicht vergessen: »Der Gerechte isst auch, um satt zu werden.«

Fleischer im 15. Jahrhundert beim Ausüben ihres Handwerks

Vom Sonnenuntergang am Freitagabend bis zum Sonnenuntergang
am Samstag dauert der jüdische Ruhetag – der Sabbat

Das Jahr und seine Feste
Die Hürden unterschiedlicher Zeitrechnung

Noch etwas gilt es zu beachten: die kalendarische Ordnung. Auch wenn sich in der Art und Weise die Tage und die Jahre zu zählen das abendländisch-christliche System offiziell und weltweit durchgesetzt hat, so gilt das noch lange nicht für die Rituale innerhalb der religiösen Gemeinschaften. Hier haben die althergebrachten Grundordnungen und die damit verbundene Verteilung von Feier- und Werktagen nach wie vor ihre Gültigkeit.

Nun haben die Religionen unterschiedliche Festkalender, da sie ihr religiöses Jahr auf verschiedene Kalendersysteme gründen. Von daher wäre zum Beispiel ein gemeinsames Neujahrsessen von vornherein unmöglich, da das neue Jahr bei Juden, Christen und Muslimen zu unterschiedlichen Zeiten gefeiert wird.

Ohnehin ist Neujahr bei den Christen kein religiöses Fest. Auch die Wochenfeiertage sind unterschiedlich: bei den Christen ist es der Sonntag, bei den Juden der Samstag (Schabbat), bei den Muslimen der Freitag – alles im Dienst der Abgrenzung. Die siebentägige Woche ist jüdischen Ursprungs: der Schabbat nimmt Bezug auf Gottes Welterschaffung, die in sechs Tagen geschah. Am siebten Tag ruhte sich Gott von der Mühsal seines Schöpfungswerks aus. Und so soll es auch der Mensch halten. Um sich von den Juden abzugrenzen, erhoben die Christen den ersten Tag der Woche zum Ruhetag und begründeten den Schritt damit, dass

Jesus Christus an diesem Tag auferstanden sei: unter dem Zeichen der Licht bringenden Sonne. Bei den Muslimen ist der Freitag Allah geweiht; er ist der Versammlungstag der Gemeinde in der Moschee.

Während im Christentum der Tag auf die Sonne bezogen ist, also von Sonnenaufgang zu Sonnenaufgang dauert, ist er im Judentum und im Islam auf den Mond bezogen: ein Tag beginnt und endet mit Sonnenuntergang. Auch im Jahreslauf gibt es große Unterschiede zwischen den drei monotheistischen Religionen. Der jüdische Kalender (»Luach«) bezieht sich gleichermaßen auf Mond und Sonne; er ist lunisolar, wie man sagt. Da die zwölf »Monde« eines Jahres ca. elf Tage kürzer sind als das Sonnenjahr, würde ein reiner Mondkalender dazu führen, dass sich jahreszeitlich bedingte Feste, etwa ein Erntedankfest, verschieben würden, also langsam durch die Jahreszeiten wanderten. Aber ein Erntedankfest zeitig im Frühling oder tief im Winter ist unsinnig. Um dies zu verhindern, wird im jüdischen Kalender in jedes zweite oder dritte Jahr ein weiterer Monat eingeschaltet, um so den Mondkalender dem Sonnenstand und damit dem Sonnenjahr anzupassen. Hingegen ist der islamische Kalender ein reiner, von den Jahreszeiten unabhängiger Mondkalender. Muhammad lehnte einen Eingriff in das Mondjahr ab, das er als von Allah eingesetzt und damit geheiligt ansah. So rücken der islamische Jahresanfang und die Daten der islamischen Feste jedes Jahr im Verhältnis zu unserem Sonnenjahr um jene elf Tage vor, die das Mondjahr kürzer ist.

Prozession der Bruderschaft der spanischen Hermanos während der heiligen Woche (Palmsonntag bis Ostersonntag)

Auch in der Zeitrechnung grenzen sich die drei monotheistischen Religionen voneinander ab. Beim Judentum beginnt sie mit der Schöpfung, deren Zeitpunkt aus der Tora hergeleitet wird. Demnach schreibt man im christlichen Jahr 2012 das jüdische Jahr 5772. Der Islam wiederum lässt seine Zeitrechnung mit der Hidschra beginnen, der Auswanderung Muhammads aus Mekka nach Medina, die am 15. Juli 622 stattfand. Für die Muslime ist es das Jahr 1 ihrer Zeitrechnung. Dem Jahr 2012 entspricht das islamische Jahr 1434. Interessant ist in diesem Zusammenhang, dass das jüdische Neujahrsfest in den Herbst (zwischen Ende September und Anfang Oktober) fällt, wo sich unserem Gefühl nach das Jahr seinem Ende zuneigt. Tatsächlich kennt das Judentum sogar zwei Neujahre: noch eine Art geistiges Neujahr im Frühling (März/April), das mit dem Pessachfest zusammenfällt, an dem die Juden den Auszug ihrer biblischen Vorfahren aus Ägypten feiern. Doch im Lauf der Zeit hat sich das Fest im Herbst als das eigentliche jüdische Neujahrsfest durchgesetzt. Logisch ist das alles nicht, aber religiöse Traditionen bedürfen keiner irdischen Logik, so wenig wie die Religionen selbst.

Das christliche Neujahrsfest mitten im Winter scheint keinen religiösen Bezug zu haben, da es nicht als religiöser Festtag mit entsprechenden Gebräuchen gefeiert wird. Tatsächlich aber hat es eine religiöse Begründung: Es ist auf die Geburt Jesu bezogen, deren wirkliches Datum freilich gar nicht überliefert ist. Der 25. Dezember als Geburtstag Jesu ist erst im 4. Jahrhundert von der sich herausbildenden Kirche eingesetzt worden. Der 25. Dezember war seit uralten Zeiten der Geburtstag der orientalischen Sonnengötter gewesen; er war auch der Festtag des römischen Sonnengottes »Deus Sol Invictus« (unbesiegbarer Sonnengott). Es bot sich an, diesen römischen Festtag, auch wenn er heidnischen Ursprungs war, als Geburtstag Jesu Christi zu übernehmen und dadurch den Mensch gewordenen Gott als »die wahre Sonne« und den »Lichtbringer« zu verehren. Das Neujahrsfest am 1. Januar ist, was Christen meist nicht wissen, der Tatsache geschuldet, dass Jesus Jude war: Am achten Tag nach seiner Geburt wurde die feierliche Beschneidung des Säuglings Jesus vollzogen, wie es im Judentum zur Bekräftigung jenes Bundes, den Gott mit Abraham geschlossen hat, geboten ist. Das christliche Neujahr ist also genau genommen das Beschneidungsfest Jesu.

In allen Kulturen gewinnt der Jahreslauf seinen Sinn erst aus den religiösen Festen, die darin eingebettet sind, und denen sich selbst nichtreligiöse Menschen kaum zu entziehen vermögen – und es meistens auch gar nicht wollen. Für die Gläubigen machen erst die religiösen Feste aus dem profanen Kalenderjahr ein spirituelles Glaubensjahr; in ihnen erfährt der Jahreslauf seine geheiligten Höhepunkte und die Glaubensgemeinschaft ihren Zusammenhalt über alle irdischen Grenzen hinweg.

Das Christentum, das als religiöser Spross direkt aus dem Judentum hervorging, bleibt auch in seinen religiösen Festen eng an das Judentum gebunden. Ostern als Kernfest der Christenheit hat seinen Ursprung im jüdischen Pessach.

Pfingsten wiederum ist unlösbar mit dem jüdischen Wochenfest (Schawuot) verbunden. Und selbst das so urchristlich scheinende Weihnachten fällt zeitlich mit dem jüdischen Lichterfest (Chanukka) zusammen. Was das Feiern religiöser Feste betrifft, sind allerdings die Juden unübertroffen. Das Judentum, so könnte man überspitzt sagen, ist eine Religion des Festefeierns, auch in dem Sinn, dass feste gefeiert wird. Auch darin erweist es sich als eine äußerst sinnliche, den Freuden und Genüssen des Lebens zugetane Religion. Die jüdischen Feste gehen meistens über mehrere Tage und bedürfen nicht nur eines religiösen, sondern auch körperlichen Standvermögens.

Wenngleich Jesus, wie schon erwähnt, kein Freund der Askese war und diese im Judentum ohnehin keine allzu große Bedeutung hatte, setzte sich im Christentum eine gewisse Lust an der Einschränkung oder gar Abtötung der Sinnesfreuden durch – die kulinarischen inbegriffen. Davon ist heute, Gott sei's gedankt, nicht mehr viel zu spüren. Das religiöse Fasten hat längst der Frühjahrs-Fitness-Fastenkur Platz gemacht, um die im Winter angesammelten Pfunde wieder loszuwerden, was in den seltensten Fällen gelingt. Welcher Durchschnittschrist weiß schon, dass zum Beispiel mit dem Aschermittwoch eine vierwöchige Fastenzeit beginnt, die im strengsten Fasttag der Christen, dem Karfreitag, ihren Höhepunkt und im Ostersonntag ihr Ende findet. Was wir heutzutage unter »Fastnacht« oder »Karneval« verstehen, war ursprünglich nur die ausgelassene Vorbereitung auf die Fastenzeit. »Karneval« bedeutet eigentlich Abschied vom Fleischgenuss (carne vale). Auch die vierwöchige Adventszeit ist eine Fastenzeit, die im Heiligen Abend ihren Abschluss findet. An diesem Abend, der kein Festtag ist, groß aufzutischen, beweist nur die Entfremdung gegenüber der eigenen Religion und ihren Bräuchen. Der weihnachtliche Festbraten darf erst am Geburtstag des Herrn (25. Dezember) auf den Tisch kommen. Am Heiligen Abend wäre, wenn überhaupt, der karge Fisch als klassische christliche Fastenspeise angemessen. Doch ein Wort wie »Fastenspeise« ist streng genommen schon ein Widerspruch in sich: Fasten meint ja, sich jeglicher Speise zu enthalten. Schließlich kann man sich auch mit Fisch- oder Mehlspeisen den Bauch vollschlagen.

Mit Abstand am bescheidensten im Feiern religiöser Feste zeigt sich der Islam, was auch zur Einfachheit, ja Nüchternheit dieser Religion passt. Es gibt im Grunde nur zwei große islamische Feste im ganzen Jahr, von denen eines bezeichnenderweise das Ende des Fastenmonats Ramadan zum Inhalt hat. Das andere große islamische Fest ist das Opferfest, das im 12. Monat, dem Monat der Pilgerfahrt, gefeiert wird. Der Geburtstag des Propheten Muhammad wird in den meisten islamischen Ländern nicht besonders gefeiert und von strenggläubigen Muslimen als Festtag ohnehin abgelehnt. Denn eine solche Feier ist im Koran nicht verankert, wo es heißt, dass alle Propheten, von Abraham über Jesus bis Muhammad, gleich geachtet werden sollen. Im Zentrum des Islams steht nicht Muhammad, sondern der Koran. Selbst in den Ländern, in denen Muhammads Geburtstag gefeiert wird, etwa in Algerien, Ägypten oder der Türkei, bleiben die Festlichkeiten im bescheidenen Rahmen eines geselligen Familien- oder Kinderfests mit reichlich honigsüßen Leckereien. Denn auch der Prophet, so weiß die Legende, liebte den Honig.

Ein Junge entzündet einen Chanukkia-Leuchter (s. S. 176)

FESTE UND REZEPTE

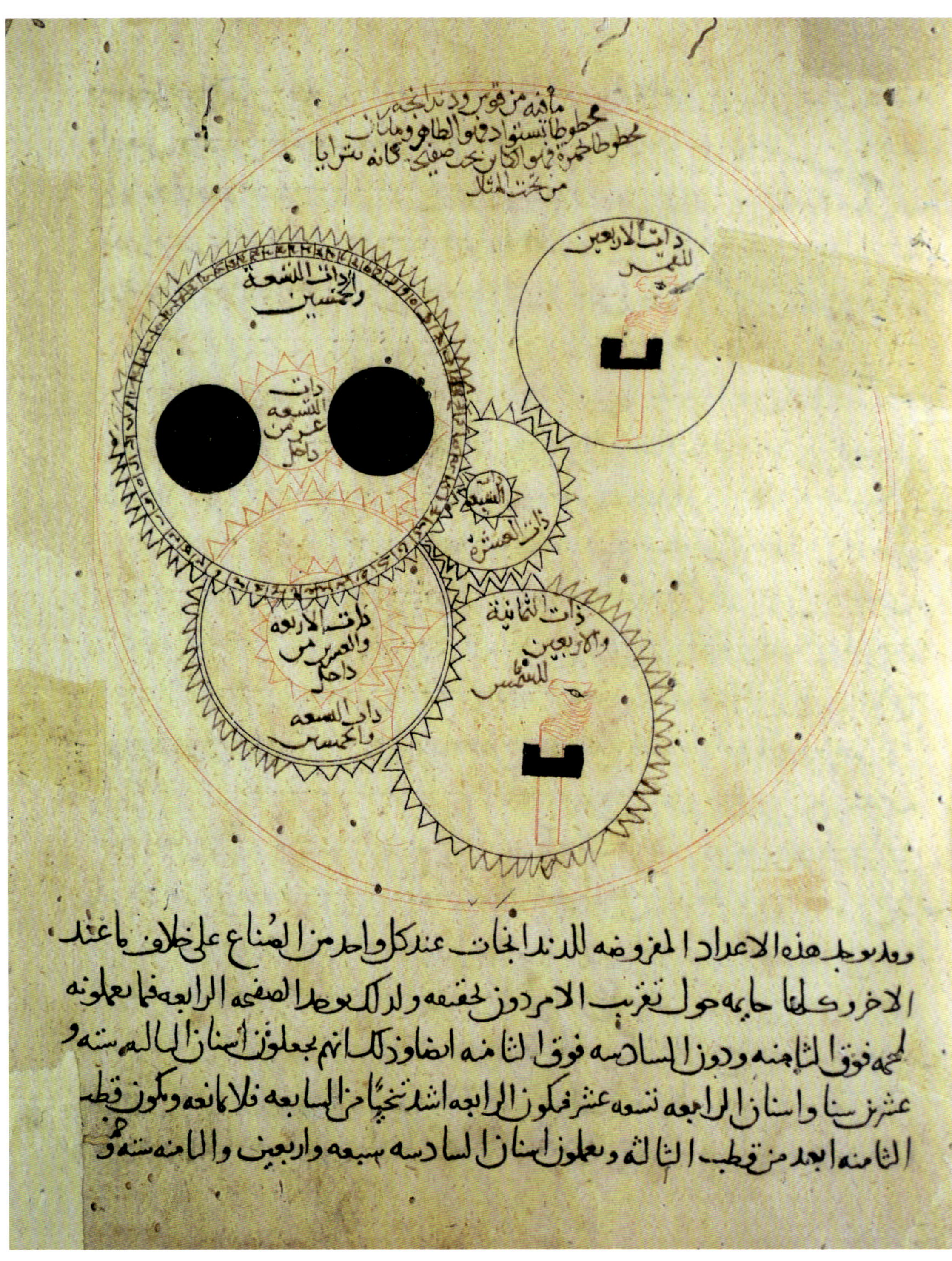

Darstellung eines mechanischen Sonnen-und Mondkalenders
aus dem 13. Jahrhundert

Nauruz

Wenn wir im Folgenden zeigen wollen, was in den drei monotheistischen Religionen an den großen Festtagen so alles auf den Tisch kommt, wird der Islam zu den religiös begründeten Kulinaria nur wenig beitragen können, einfach aus dem Grund, dass in dieser Religion die Zahl der geheiligten Feste gering ist. Schon der Beginn eines Jahres wird in den islamischen Ländern, nicht anders als in den christlichen, ohne religiösen Pomp begangen. Der islamische Mondkalender und die damit verbundene Verschiebung des Neujahrsdatums gegenüber dem Sonnenkalender hat die Entwicklung eines religiösen Neujahrsfestes von vornherein erschwert. Allein im shiitischen Islam, also in Iran, Teilen Iraks und Afghanistans, wird der Beginn des neuen Jahres mit dem Nauruz-Fest gefeiert. Dessen Ursprung liegt allerdings in vorislamischer Zeit: ein Frühlingsfest, mit dem eine bäuerlich geprägte Kultur ihre Freude über das Erwachen der Natur zum Ausdruck brachte. So hat das Nauruz-Fest einen eher weltlichen Charakter, kann aber auch lokal unterschiedliche religiöse Züge annehmen, voran den eines Versöhnungsfests. Man vergibt einander die Fehler des vergangenen Jahres und beendet Familienfehden, was mit zahllosen Küssen auf die Wangen besiegelt wird. Ein typisches Gericht für das iranische Nauruz-Fest ist Shekar polo (s. S. 67), dem eine 1500-jährige Überlieferung zugrunde liegen soll. Es wird aus Huhn, Kichererbsen, Reis, Pistazien und Zimt zubereitet. Ein anderes beliebtes Nauruz-Gericht heißt Reshteh polo (s. S. 68) und hat lange, schnurartige Nudeln zur Grundlage. Wenn man diese Schnurnudeln isst, so die Überlieferung, wird man für das neue Jahr »die Schnur seines Glücks in der Hand halten«. Heutzutage ist Nauruz vor allem auch für im Ausland lebende Iraner ein beliebter Grund zum Feiern und damit eine Gelegenheit, Verwandte und Freunde zu sich einzuladen. Man rezitiert gemeinsam Gedichte, musiziert und tanzt.

Shekar polo

Für 6 Portionen

- 1 Zwiebel
- 1 Staudenselleriestange
- 2 EL Mandelstifte
- 1 EL Öl
- 200 g Langkornreis
- 250 ml Hühnerbrühe
- 100 g Sauerkirschen (aus dem Glas)
- 1 TL Zimtpulver
- frisch gemahlener schwarzer Pfeffer

Die Zwiebel abziehen und fein hacken, den Sellerie waschen, putzen und fein schneiden. Die Mandeln bei mittlerer Hitze ohne Fett in einem großen Topf anrösten, dann Öl, Zwiebel und Sellerie zugeben und so lange dünsten, bis die Zwiebel glasig ist.

Reis, Hühnerbrühe und Sauerkirschen dazugeben, Zimt und reichlich Pfeffer unterrühren und alles einmal aufkochen. Bei geschlossenem Deckel den Reis 20 Minuten köcheln lassen.

Wenn alle Flüssigkeit aufgenommen ist, den Topf bei niedriger Hitze noch 5 Minuten auf dem Herd stehen lassen, sodass sich eine hellbraune Kruste unter dem Reis bildet. Danach sofort servieren.

TIPP

Eine andere Variante des Shekar polos besteht aus Reis, Hühnerteilen, Kichererbsen, Pistazien und Zimt. Vor dem Servieren wird dem Reis noch Zuckersirup zugefügt.

Reshteh polo

Für 6 Portionen

- 5 Datteln (frisch oder getrocknet)
- 150 g Reshteh (iranische Nudeln, ersatzweise Cappellini)
- 6–8 EL Butter
- 300 g Langkornreis
- 1 Zwiebel
- ½ TL Kurkumapulver
- 2 TL Zimtpulver
- 40 g Rosinen
- 2 Bio-Orangen
- 1 TL Rosenblätter (Reformhaus)
- 1 TL Kardamomsamen
- 1 TL Kreuzkümmelsamen
- 1 TL frisch geriebene Muskatnuss
- 2 EL Rapsöl
- 2–3 Safranfäden (ersatzweise 1 TL Safranpulver)
- 1 Prise Zucker
- 1 Handvoll Pistazien und Mandeln
- Salz

Datteln fein hacken. Nudeln in etwas Butter goldbraun anrösten, dabei gut rühren, sie verbrennen sonst schnell. Reis waschen und abgießen. 600 ml Wasser zum Kochen bringen und salzen. Reis und Nudeln ins Wasser geben und bei geringer Hitze 10 Minuten kochen lassen, gelegentlich umrühren.

Zwiebel abziehen, fein hacken und in etwas Butter anschwitzen. Kurkuma und die Hälfte des Zimts unterrühren und kurz mitbraten. Datteln und Rosinen dazugeben und einige Minuten mitbraten, gegebenenfalls Butter zugeben. Die Orangen heiß waschen, trocknen, die Schalen dünn abschneiden und fein hacken. 20 g Schale zu der Zwiebelmischung geben und mit Salz abschmecken.

Rosenblütenblätter, Kardamom- und Kreuzkümmelsamen in den Mörser geben und zerstoßen. Restlichen Zimt mit Muskatnuss, Rosenblättern, Kardamom und Kreuzkümmel vermengen. Reis und Nudeln durch ein Sieb abgießen, abtropfen lassen. In einen Topf 2 EL Rapsöl geben und so viel Wasser dazugeben, bis der Topfboden gut mit der Öl-Wasser-Mischung bedeckt ist. Erhitzen und ein Drittel Reis mit Nudeln hineingeben. Mit der Hälfte der Gewürzmischung bestreuen, dann die Hälfte der Zwiebelmischung darübergeben und das zweite Drittel Reis mit Nudeln darauf verteilen. Mit der restlichen Gewürzmischung bestreuen, die restliche Zwiebelmischung darübergeben und mit restlichem Reis abschließen.

Mit einem Kochlöffelstiel fünf Löcher bis zum Topfboden in die Mischung drücken. Den Deckel auflegen und alles bei starker Hitze 10 Minuten kochen lassen. Die Safranfäden mit Zucker in einem Mörser mahlen und mit 100 ml kochendem Wasser verrühren (oder Safranpulver mit Zucker und etwas Wasser anrühren). 4 EL Butter zerlassen, mit dem Safranwasser verrühren und über den Reis gießen. Ein Küchenpapier auf die Topföffnung legen, den Deckel wieder schließen und bei sehr geringer Hitze 1 Stunde garen. Pistazien und Mandeln grob hacken, vor dem Servieren in einer Pfanne ohne Fett goldbraun rösten. Einen großen Teller auf den Topf legen, zusammen umdrehen, sodass das Gericht mit der knusprigen Seite nach oben serviert werden kann. Mit den Nüssen bestreuen.

Sabzi polo ba Mahi

Für 4 Portionen

- 1 Zitrone
- 3 Zwiebeln
- 1 ½ TL Chiliflocken
- 4 weißfleischige Fischfilets
  (z. B. Zander, Scholle oder Kabeljau)
- 400 g Langkornreis
- je ½ Bd. Schnittlauch, glatte Petersilie,
  Dill und Koriander
- 1 Kartoffel
- 9 EL Öl
- 3 EL Mehl
- 1 ½ TL Kurkumapulver
- 4 EL Tamarindenpaste
  (ersatzweise Zitronensaft)
- Salz

Die Zitrone auspressen. 1 Zwiebel abziehen, fein hacken, mit 1 TL Chiliflocken, dem Zitronensaft und etwas Salz vermengen. Die Marinade mit den Fischfilets zusammen in einen Gefrierbeutel geben, gut verschließen, die Marinade etwas einmassieren und 1 Stunde ziehen lassen.

Den Reis waschen und durch ein Sieb abgießen. 800 ml Wasser zum Kochen bringen, salzen, den Reis hineingeben, bei schwacher Hitze mit geschlossenem Deckel in etwa 30 Minuten gar ziehen lassen (das Wasser ist dann vom Reis komplett aufgenommen). Die Kräuter waschen, trocken schütteln, von den Stängeln zupfen und fein hacken. Die Kartoffel schälen und in Scheiben schneiden.

In einem Topf 2 EL Öl erhitzen und den Topfboden mit einer Schicht Kartoffelscheiben auslegen. Ein Drittel Reis hineingeben, ein Drittel der Kräuter darauf verteilen. Ein zweites Drittel Reis daraufgeben, darüber das zweite Drittel Kräuter geben und mit dem restlichen Reis abschließen. Die restlichen Kräuter beiseitestellen. 3 EL Öl über dem Reis verteilen. Ein Küchenpapier auf die Topföffnung legen und den Topf mit dem Deckel verschließen, die Hitze reduzieren und 30 Minuten sanft ziehen lassen.

Die Fischfilets aus der Marinade nehmen, mit Küchenpapier trocken tupfen. Mehl mit 1 TL Kurkuma auf einem flachen Teller vermengen und die Filets darin wenden. 2 EL Öl in einer Pfanne erhitzen und die Filets von beiden Seiten goldbraun braten.

Die restlichen Zwiebeln abziehen, fein hacken, in 2 EL Öl bei mittlerer Hitze goldgelb anbraten. Restliche Chiliflocken und Kurkuma unterrühren und kurz mitschwitzen lassen. Die übrigen Kräuter dazugeben, 1 Minute sanft mitbraten, dann die Tamarindenpaste und 100 ml heißes Wasser dazugeben. Die Fischfilets darauflegen, mit etwas Zwiebelmischung bedecken und 5–10 Minuten sanft köcheln lassen. Den Kräuterreis mit den angebratenen Kartoffeln aus dem Topf nehmen und mit dem Fisch und der Zwiebelmischung servieren.

Kurdischer Joghurtkuchen

Für 1 Springform (ø 26 cm)

Für den Teig
- 1 Bio-Zitrone
- 2 Eier
- 250 g Sahnejoghurt (10 % Fett)
- 6–7 EL neutrales Öl
- 200 g Mehl
- 1 Päckchen Backpulver
- 200 g Puderzucker

Für den Sirup
- 500 g Zucker

Außerdem
- Butter für die Form
- Puderzucker zum Bestäuben

Den Backofen auf 180 °C vorheizen. Die Springform fetten. Die Zitrone heiß waschen, trocknen, die Schale abreiben und den Saft auspressen. Eier, Zitronenschale, Joghurt und Öl miteinander verquirlen. Mehl, Backpulver und Puderzucker sieben, vermischen und esslöffelweise unterrühren. Alles zu einem glatten Teig verarbeiten, in die Form füllen und glatt streichen. Den Kuchen im heißen Ofen 50 Minuten backen.

In der Zwischenzeit den Sirup zubereiten. Dafür den Zucker mit 500 ml Wasser aufkochen lassen. Den Zitronensaft dazugeben und 10 Minuten köcheln lassen.

Den Kuchen aus der Form lösen und auf einem Gitterrost abkühlen lassen. Anschließend in eine Fettpfanne oder einen tiefen Kuchenteller geben und nach und nach den heißen Sirup über den Kuchen gießen, dabei zwischendurch immer wieder etwas warten, bis der Sirup aufgesogen ist. Den Kuchen vor dem Servieren vollständig auskühlen lassen und mit Puderzucker bestäuben.

TIPP

Wer mag, kann den Sirup zusätzlich mit 1–2 EL Orangenblüten- oder Rosenwasser abschmecken.

ÜBRIGENS

Das kurdische Neujahrsfest »Newroz« feiert das Ende des Winters, den Beginn eines neuen Jahres und das Erwachen der Natur. So verbringen auch manche Familie den ganzen Tag zusammen mit Verwandten oder Freunden in der Natur. Da dürfen süße Leckereien natürlich nicht fehlen. Doch auch politisch hat das Fest für die Kurden an Bedeutung gewonnen und ist ein Symbol ihres Freiheitskampfes.

Neujahr

Mit religiöser Inbrunst wird Neujahr nur bei den frommen Juden gefeiert. Das Fest heißt »Rosch ha-Schana« (Haupt des Jahres) und fällt, wie schon erwähnt, auf Ende September/Anfang Oktober. Doch es ist alles andere als ein ausgelassenes Freudenfest. Vielmehr dient es der reuevollen Selbstbesinnung und Zwiesprache mit Gott – und ist dadurch letztlich doch wieder ein Fest der Freude und keines der Trauer. Denn bei aufrichtiger Reue, da kann man gewiss sein, wird einem Gott die Sünden des vergangenen Jahres vergeben. Rosch ha-Schana dauert zehn Tage und findet seinen Abschluss mit dem Versöhnungstag (Jom Kippur), dem höchsten religiösen Feiertag im jüdischen Kalender: der Tag der Tage für die Juden. Das Judentum legt also großen Wert darauf, dass jeder Gläubige die ersten zehn Tage eines Jahres seiner ganz persönlichen Gottesbeziehung widmet. Als Tage der Umkehr sollen sie allerdings nicht ausschließlich dem eigenen Seelenheil dienen, sondern ebenso der Heiligung und Heilung der menschlichen Beziehungen. Man bittet zwar zuallererst Gott um Vergebung und Versöhnung, aber danach auch seinen Nächsten. An Rosch ha-Schana, so lehrt der Talmud, werden im Himmel zwei Bücher geöffnet, und es entscheidet sich in den zehn Tagen dieses Fests, ob man ins Buch des Lebens oder ins Buch des Todes eingetragen wird. Es wird das Urteil über die Taten des vergangenen Jahres gesprochen. Bis zum Versöhnungstag hat man noch Zeit, seine Sünden zu bereuen und zu sühnen, ehe das Urteil gesprochen wird. Rosch ha-Schana hat von daher den Charakter eines Bußfestes. Die vorherrschende Farbe dieses Festes ist das Weiß als Symbol für den Neubeginn mit entschuldigter, gereinigter Seele. Der abschließende Jom Kippur ist, ganz ungewöhnlich für das Judentum, ein strenger, der Gottheit geweihter Fasttag, an dem weder gegessen noch getrunken werden darf und das öffentliche Leben fast völlig zum Erliegen kommt. Doch wenn dieser hohe Festtag mit dem Sonnenuntergang zu Ende geht, dann finden endlich auch die Sinnesfreuden, zu denen auch die des Gaumens zählen, wieder ihren Platz.

Was das Essen beziehungsweise das Kochen betrifft, so gibt es im Judentum ein praktisches Problem, das sich allerdings ganz einfach lösen lässt: am Schabbat und an allen hohen Festtagen muss jegliche Arbeit ruhen, selbstverständlich auch die in der Küche. Das heißt: es muss vorgekocht werden. Hierin liegt der Grund, wieso man in der jüdischen Küche so viele Eintopfgerichte findet oder Speisen, die erst aufgewärmt ihre ganze Qualität entfalten: etwa die berühmte Goldene Joich (Hühnersuppe der jüdischen Mama, s. S. 77) oder Tscholent mit Rinderbrust (s. S. 78), eine Art Pichelsteiner, das man acht Stunden und länger im Ofen schmoren lässt. Ebenfalls zum Aufwärmen bestens geeignet ist der Karotten-

Zimmes (s. S. 81) mit oder ohne Rinderbrust. »Zimmes« ist jiddisch und bedeutet soviel wie Eintopf, aber auch »Getue und Getöse um nichts«. Gleiches gilt für den Kartoffel-Kugel (s. S. 86), ein Auflaufgericht aus Kartoffeln und Eiern, von dem es unzählige Variationen gibt. An Rosh ha-Schana kommen, wie bei allen Festen, auch die Süßspeisen und deren Liebhaber zu ihrem Recht, damit das Leben im neuen Jahr ein süßes werden möge. Schon lange vor dem Fest wird reichlich Süßes gebacken, etwa die runden Challa-Brote (s. S. 92) mit Rosinen, dann Lekach (Honigkuchen, s. S. 91) und Teiglach (in Honig gekochte Teigbällchen, s. S. 91). Und all die knusprigen Strudel (s. S. 89) nicht zu vergessen! Selbst Fleischgerichte werden in Süßspeisen verwandelt, etwa in Gestalt einer Rinderbrust mit Süßkartoffeln, Backpflaumen, Sirup und Honig (Pflaumen-Zimmes, s. S. 80). Beliebt bei frommen Juden ist zu Neujahr auch Fisch, dieses uralte Sinnbild der Fruchtbarkeit. Er wird symbolträchtig mit Kopf gekocht, damit der Esser im neuen Jahr die Nase vorn haben möge.

An dieser Stelle ist jedoch ein wichtiger Einschub nötig: Die jüdische Küche ist die Küche eines entwurzelten, über die ganze Welt verstreuten Volks und damit die kosmopolitische und multikulturelle Küche schlechthin. Wenn man so will, dann geben sich die Kulturen der Welt in der jüdischen Küche ein Stelldichein. Weil aber die jüdischen Speisegesetze (Kaschrut) für alle frommen Juden der Welt gleich sind, hat die jüdische Weltküche trotz Zerstreuung gerade auch über das Essen eine ursprüngliche Gemeinsamkeit bewahrt.

Eine jüdische Bäckerei im Pariser Stadtteil Marais

Dennoch haben sich in der neuzeitlichen jüdischen Kultur zwei Hauptgruppen herausgebildet, die als »aschkenasisch« und »sefardisch« bezeichnet werden. Vereinfacht könnte man sagen: die aschkenasischen Juden sind jene des Nordens (Deutschland, Polen, Russland, später auch Nordamerika), die sefardischen Juden sind die des Südens (rund ums Mittelmeer, Naher Osten, Asien). Die Aschkenasen siedelten also im christlich geprägten Kulturraum, die Sefarden (Nachfahren der im Jahre 1492 aus Spanien vertriebenen Juden) vorwiegend in der islamischen Welt. Entsprechend stark unterscheidet sich die aschkenasische von der sefardischen Kochkunst: erstere ist eher nördlich schwer und deftig, während die andere sich südlich leicht und feurig gibt. Die eben genannten jüdischen Festgerichte zu Neujahr wie Hühnersuppe, Tscholent, Kugel oder Zimmet sind aschkenasisch und haben ihren Ursprung im mittelalterlichen Deutschland. Doch als die Juden im 16. und 17. Jahrhundert von dort vertrieben wurden und nach Polen und Russland flüchteten, nahmen sie diese Küche in ihre neue Heimat mit. Was wir heute als aschkenasische jüdische Küche bezeichnen, entwickelte sich in den Schtetln, den oft abgelegenen Dörfern Osteuropas, während 300 Jahren. Dass hierbei keine Haute cuisine entwickelt wurde, versteht sich von selbst. Diese Küche diente vor allem dazu, der hart arbeitenden, bescheiden oder gar ärmlich lebenden jüdischen Bevölkerung Osteuropas zu nahrhaften Speisen zu verhelfen.

Während die aschkenasische Küche eine besondere Vorliebe für Fisch zeigt, ganz besonders für Karpfen und Hering, und als Beilagen Hülsenfrüchte, Getreide, Wurzelgemüse, Kohl und Kartoffeln bevorzugt, ist die sefardische Küche geprägt von Gemüse wie Paprika, Auberginen, Zucchini, Tomaten, Oliven, Spinat und Artischocken. Dazu werden Reis, Kichererbsen und Couscous (Weizengrieß) gereicht. Nüsse, Mandeln, Datteln und Feigen runden das Ganze ab. Gekocht wird in der sefardischen Küche vorwiegend mit Olivenöl, nicht mit Fett wie in der aschkenasischen. Sie verwendet selbstverständlich auch andere Gewürze, eben jene, die der orientalischen Küche ihre unverwechselbare Note verleihen.

Orientalische Gewürzvielfalt –
Zeichen der sefardischen Küche

Goldene Joich

Für 6 Portionen

- 1 Suppenhuhn (1–1,5 kg)
- 1 große Zwiebel
- 1 Lorbeerblatt
- 2–3 Gewürznelken
- 1 Knoblauchzehe
- 150 g Karotten
- 150 g Knollensellerie
- 150 g Petersilienwurzel
- 1 kleine Lauchstange
- 1 TL Kümmelsamen
- 2 Wacholderbeeren
- 2 Pimentkörner
- 8 Pfefferkörner
- Salz

Außerdem
- Petersilie zum Garnieren

Das Huhn gut waschen, in einen Topf legen, mit Wasser bedecken und aufkochen lassen. Den entstehenden Schaum so lange abschöpfen, bis die Brühe klar ist.

Die Zwiebel nur waschen, nicht abziehen – die braune Schale sorgt für die goldene Farbe der Brühe. Das Lorbeerblatt mit den Nelken an der Zwiebel feststecken und die gespickte Zwiebel zum Huhn geben.

Den Knoblauch abziehen und klein schneiden. Karotten, Sellerie, Petersilienwurzel und Lauch putzen, grob zerteilen und mit den Gewürzen in den Topf geben. Alles 1–1 ½ Stunden mit geschlossenem Deckel köcheln lassen.

Das Huhn aus der Brühe nehmen und etwas abkühlen lassen. Die Brühe durch ein Sieb gießen und mit Salz abschmecken. Das Hühnerfleisch vom Knochen lösen, klein schneiden und zurück in die Brühe geben. Einlagen für die Goldene Joich finden Sie auf Seite 109/110.

ÜBRIGENS

Goldene Farbe und Fettaugen dieser Suppe gelten als Symbol für Glück, Wohlstand und Gesundheit. Dass sie das Wohlbefinden steigern kann, zeigt sich auch in dem Spitznamen, den die Goldene Joich dank ihrer Wirkung bei Erkältungsbeschwerden trägt: So wird sie auch »jüdisches Penicillin« genannt. Mit Kneidlach (den berühmten Matzeklößchen, s. S. 109) serviert ist die Goldene Joich ein klassisches Gericht des Seder-Tellers zu Pessach.

Tscholent
mit Rinderbrust

Für 6 Portionen

- 300 g getrocknete Kidneybohnen
- 300 g getrocknete weiße Bohnen
- 2,5 kg Kartoffeln
- 1–2 EL Mehl
- 3 große Zwiebeln
- 4 Knoblauchzehen
- 1 TL Cayennepfeffer
- 2 EL edelsüßes Paprikapulver
- 250 g Graupen
- 100 g Tomatenmark
- 400 ml Hühner- oder Rinderbrühe
- 1,5–1,8 kg Rinderbrust mit Fettschicht
- Salz, frisch gemahlener schwarzer Pfeffer

Die Bohnen über Nacht in Wasser einweichen. Die Kartoffeln waschen, schälen, vierteln, in einen großen Bräter geben und mit dem Mehl bestäuben. Zwiebeln und Knoblauch abziehen, fein hacken und mit Cayennepfeffer, Paprikapulver, reichlich Salz und Pfeffer über die Kartoffeln geben. Die Bohnen abgießen und mit den Graupen dazugeben. Das Tomatenmark mit der Brühe verrühren und über das Gemüse gießen.

Den Backofen auf 130 °C vorheizen. Das Fleisch großzügig mit Salz und Pfeffer einreiben und mit der Fettschicht nach oben auf das Gemüse legen. Den Bräter mit so viel Wasser auffüllen, dass alles gerade bedeckt ist.

Den Tscholent mit geschlossenem Deckel mindestens 8 Stunden im Backofen schmoren lassen. Falls nötig, zwischendurch etwas Wasser zugießen.

TIPP

Sie können auch 600 g von einer Bohnensorte verwenden und statt der Graupen auch Linsen nehmen.

ÜBRIGENS

Tscholent (oder Scholet) lässt sich wunderbar zum Sabbat oder zu Festtagen vorbereiten, an denen das Entzünden eines Feuers und das Kochen verboten sind. Es wird am Vorabend des jeweiligen Festtags zubereitet und bis zum nächsten Tag mittags auf dem Herd oder im Backofen warm gehalten.

Pflaumen-Zimmes

Für 6 Portionen

- 1 kg Rinderbrust
- 1 kg Karotten
- 1 Pastinake
- 1 Steckrübe
- 250 g Kürbis
- 400 g Weißkohl
- 1 große Kartoffel
- 1 Zwiebel
- 12 getrocknete Pflaumen
- 2 EL Zuckerrübensirup
- 1 EL Mehl
- Salz

Die Rinderbrust in einen großen Topf legen und mit Wasser auffüllen, bis das Fleisch bedeckt ist. Das Gemüse waschen, putzen und schälen. Die Karotten und die Pastinake in dünne Scheiben schneiden. Steckrübe, Kürbis, Weißkohl und Kartoffel würfeln. Die Zwiebel abziehen, aber ganz lassen.

Das Gemüse zum Fleisch geben. Alles aufkochen lassen, die Hitze reduzieren und den Zimmes mindestens 4 Stunden lang bei niedriger Temperatur köcheln lassen. Anschließend kräftig salzen.

Die Pflaumen hinzufügen und nochmal mindestens 1 Stunde köcheln. Damit der Zimmes nicht anbrennt, falls nötig von Zeit zu Zeit etwas Wasser hinzufügen. Am Ende der Garzeit sollte die Flüssigkeit fast vollständig reduziert sein.

Die Backpflaumen und das Fleisch aus dem Topf nehmen. Den Zuckerrübensirup mit dem Mehl verrühren und mit dem Gemüse vermischen. Die Backpflaumen auf dem Gemüse anrichten und zusammen mit dem Fleisch servieren.

Karotten-Zimmes

Für 3–4 Portionen

- 6 Karotten
- 1 große Süßkartoffel
- 1 EL Öl
- 4 TL Honig
- 5 EL Orangensaft
- 1 Prise Salz
- ½ TL frisch geriebene Muskatnuss

Die Karotten und die Süßkartoffel waschen, schälen und in Scheiben schneiden. Das Öl in einem Topf erhitzen, die Karotten hinzufügen, die Hitze reduzieren und 10–15 Minuten unter ständigem Rühren braten. Die Süßkartoffel hinzufügen, dann Honig, Orangensaft und Salz zugeben. Das Gemüse bei mittlerer Hitze etwa 30 Minuten garen. Muskat hinzufügen, nach 5 Minuten vom Herd nehmen. Warm servieren.

ÜBRIGENS

Ein Zimmes ist ein langsam gegarter Eintopf mit den unterschiedlichsten Zutaten. Als Karotten-Zimmes ist er eine ideale Beilage zu Fleischgerichten.

Rinderbrust-Zimmes mit Süßkartoffeln

Für 4 Portionen

- 300 ml Orangensaft
- 75 g brauner Zucker
- 2 TL Salz
- 1 TL gemahlener Pfeffer
- 2–3 Gewürznelken
- ½ TL Zimtpulver
- ½ TL frisch geriebene Muskatnuss
- 2 große Süßkartoffeln
- 1 kg Karotten
- 750 g Rinderbrust

Den Orangensaft zusammen mit 1 l Wasser, Zucker, Salz, Pfeffer, zerstoßenen Nelken, Zimt und Muskat aufkochen, vom Herd nehmen und 10 Minuten ziehen lassen.

Den Backofen auf 160°C vorheizen. Die Süßkartoffeln waschen, schälen und in große Würfel schneiden. Die Karotten schälen, in dünne Scheiben schneiden. Zusammen in eine ofenfeste Form mit Deckel geben. Das Fleisch mit der Fettseite nach oben darauflegen und den gewürzten Orangensaft darübergießen.

Den Zimmes im Backofen etwa 4 Stunden schmoren. Er schmeckt am besten, wenn man ihn am Vortag zubereitet und vor dem Essen nochmals aufwärmt.

Lammkeule mit Spinat und Zucchini

Für 8 Portionen

- 1,5 kg Lammkeule mit Knochen
- 2 Zwiebeln
- 3 Knoblauchzehen
- 3 EL Öl
- 1 kg Blattspinat
- 2 Zucchini
- 20 g Butter
- 10 g Mehl
- 2 EL Zitronensaft
- 2 Eigelb
- Salz, frisch gemahlener schwarzer Pfeffer

Das Lammfleisch waschen und trocken tupfen, das Fett entfernen. Das Fleisch vom Knochen lösen und in etwa 2 cm große Würfel schneiden. Zwiebeln und Knoblauch abziehen und fein hacken.

Das Öl in einem großen Topf erhitzen und Zwiebeln sowie Knoblauch darin andünsten. Die Fleischwürfel dazugeben und rundherum anbraten. 500 ml Wasser dazugießen und zugedeckt etwa 1 1/2 Stunden schmoren lassen. Falls nötig, noch etwas Wasser hinzufügen.

In der Zwischenzeit den Spinat waschen und putzen, die Zucchini waschen und in dünne Scheiben schneiden. Zucchini und Spinat nach dem Ende der Schmorzeit zum Fleisch geben und alles zusammen ohne Deckel weitere 10 Minuten garen.

Fleisch und Gemüse aus dem Topf nehmen und warm stellen, den Bratenfond abgießen und beiseitestellen. Die Butter im Topf zerlassen, das Mehl einrühren und anschwitzen. Den Bratenfond hinzufügen, gut verrühren und aufkochen lassen. Mit Zitronensaft, Salz und Pfeffer abschmecken.

Zum Schluss die Sauce mit den Eigelben legieren. Dazu in einer kleinen Schüssel die Eigelbe mit 2–3 EL der Sauce gut verrühren. Die Sauce muss dabei noch heiß sein, darf aber keinesfalls mehr kochen, weil sonst das Eigelb gerinnt. Die Eigelbmischung unter ständigem Rühren langsam mit der Sauce im Topf vermischen; nicht mehr kochen. Die Sauce über Lamm und Gemüse gießen und servieren.

Kartoffel-Kugel

Für 3–4 Portionen

- 800-900 g Kartoffeln
- 3 Eier
- 50 g Mehl
- 1 TL Backpulver
- frisch geriebene Muskatnuss
- Salz, frisch gemahlener schwarzer Pfeffer

Außerdem
- Öl für die Form und zum Bestreichen

Den Backofen auf 200 °C vorheizen. Eine ofenfeste Form mit Öl fetten. Die Kartoffeln waschen, schälen und auf der Rohkostreibe fein raspeln. Die Kartoffeln in ein Sieb geben und abtropfen lassen, eventuell etwas ausdrücken, um die Flüssigkeit zu reduzieren. Die Kartoffeln in eine Schüssel geben und mit den Eiern verrühren. Mehl und Backpulver darübersieben, mit Muskatnuss, reichlich Salz und Pfeffer würzen. Alles gut vermischen.

Die Kartoffelmasse in die Form füllen und glatt streichen. Die Oberfläche mit etwas Öl bestreichen. Den Kugel im Ofen etwa 1 Stunde backen, bis sich eine goldbraune Kruste gebildet hat.

TIPP
Der Kugel wird lockerer, wenn eine der rohen Kartoffeln durch eine mehligkochende, gekochte, geriebene Kartoffel ersetzt wird.

Apfelcharlotte

Für 1 Springform (ø 26 cm)

Für den Teig
- 4 Eier
- 120 g Zucker zzgl. etwas zum Bestreuen
- 80 g Mehl
- 20 g Speisestärke
- 1 TL Backpulver
- 200 g Himbeerkonfitüre
- Salz

Für die Creme
- 8 Blatt weiße Gelatine
- 1 Vanilleschote
- 300 ml Apfelsaft
- 500 g Sahne
- 5 Eigelb
- 100 g Zucker
- 4 EL Zitronensaft
- 2 EL Calvados
- 100 g Apfelmus (aus dem Glas)
- 2 Eiweiß
- Salz

Für den Belag
- 1 roter Apfel (z. B. Elstar)
- 8 EL Apfelsaft
- 2 EL Zitronensaft
- 80 g Apfelgelee (ersatzweise Quittengelee)

Den Backofen auf 200 °C vorheizen. Ein Backblech mit Backpapier auslegen. Ein Küchenhandtuch mit Zucker bestreuen. Die Eier trennen. Die Eiweiße mit 3 EL Wasser und 1 Prise Salz steif schlagen. Zucker einrieseln lassen und 3 Minuten weiterschlagen. Die Eigelbe kurz unterrühren. Mehl, Stärke und Backpulver mischen, daraufsieben und unterheben. Die Masse auf das Blech streichen und im heißen Ofen auf der zweiten Schiene von unten 11–12 Minuten backen. Biskuit sofort auf das Küchentuch stürzen und das Backpapier abziehen. Die Konfitüre auf den heißen Biskuit streichen und mit Hilfe des Tuches fest aufrollen. Abkühlen lassen.

Gelatine in kaltem Wasser einweichen. Vanilleschote aufschlitzen und das Mark herauskratzen. Apfelsaft, 200 g Sahne und Vanillemark aufkochen. Die Eigelbe und 50 g Zucker in einer Metallschüssel mit den Quirlen des Handrührgeräts 1 Minute aufschlagen. Die heiße Sahnemischung unterrühren. Die Masse über dem heißen Wasserbad mit einem Teigspatel rühren, bis sie dicklich wird – nicht kochen! Gelatine ausdrücken, in der heißen Masse auflösen. Zitronensaft, Calvados und Apfelmus unterrühren. Die Schüssel in Eiswasser stellen, dabei ab und zu umrühren.

Restliche Sahne steif schlagen. Eiweiße und 1 Prise Salz mit sauberen Quirlen ebenfalls steif schlagen, restlichen Zucker einrieseln lassen und 3 Minuten weiterschlagen. Wenn die Apfelmasse zu gelieren beginnt, erst die Sahne, dann den Eischnee unterheben. Die Biskuitrolle in 30 Scheiben schneiden. Den Boden der Springform mit Backpapier auslegen und dicht an dicht mit etwa 18 Scheiben auslegen, restliche Scheiben mit den Schnittflächen an den Rand stellen. Die Apfelcreme in die Form streichen, mehrfach fest aufstoßen, damit sich die Creme gleichmäßig verteilt. Abgedeckt 6–8 Stunden im Kühlschrank kalt stellen.

Den Apfel waschen, im Ganzen senkrecht in dünne Scheiben schneiden. Apfel-, Zitronensaft und Gelee in einer großen Pfanne aufkochen. Die Apfelscheiben einlegen und bei mittlerer Hitze 2–3 Minuten köcheln lassen. Apfel und Gelee in eine Schüssel geben, abkühlen lassen. Die Charlotte mit abgetropften Apfelscheiben garnieren.

Strudel

Für 1 Strudel

Für den Strudel
- 3 säuerliche Äpfel (z. B. Boskop)
- 150 g Datteln (frisch oder getrocknet)
- 30 g Matzemehl (ersatzweise, aber nicht koscher: Semmelbrösel)
- 100 g brauner Zucker
- 2 TL Zimtpulver
- 200 g Butter
- 6 Filoteigblätter
- 1–2 EL Puderzucker

Für den Guss
- 150 g Puderzucker
- 2 EL Zitronensaft
- 3 EL Mohnsamen
- 2 EL gehackte Pistazien

Den Backofen auf 180°C vorheizen. Ein Backblech mit Backpapier auslegen. Die Äpfel schälen, das Kerngehäuse entfernen und in 2 cm große Würfel schneiden. Die Datteln klein schneiden. Äpfel, Datteln, Matzemehl, braunen Zucker und Zimt mischen.

Die Butter in einem kleinen Topf zerlassen. Drei Filoteigblätter nebeneinander auf ein sauberes Geschirrhandtuch legen, dabei die langen Seiten 5 cm überlappen lassen, sodass die drei Blätter eine große Lage bilden. Mit etwas zerlassener Butter bestreichen. Die restlichen drei Filoteigblätter ebenfalls überlappend darauflegen und sorgfältig mit Butter bestreichen.

Die Füllung der Länge nach auf dem Filoteig verteilen und mithilfe des Geschirrtuchs von der langen Seite her aufrollen. Den Strudel hufeisenförmig auf das Backblech legen, großzügig mit Butter bestreichen und mit Puderzucker bestäuben.

Den Apfelstrudel im Backofen auf der mittleren Schiene etwa 20 Minuten goldbraun backen. 10 Minuten abkühlen lassen. Für den Guss Puderzucker und Zitronensaft verrühren und über den warmen Apfelstrudel träufeln. Mit Mohn und Pistazien bestreuen, trocknen lassen und servieren.

Lekach

Für 1 Kastenform (30 cm Länge)

- 200 g Mehl
- 150 g Zucker
- 1 TL Zimtpulver
- 1 TL Lebkuchengewürz
- 250 g Waldhonig
- 100 ml neutrales Öl
- 2 Eier
- 1 TL Natron
- 100 ml Orangensaft (alternativ auch Kaffee)
- 100 g Walnusskerne

Außerdem
- Butter für die Form

Den Backofen auf 170°C vorheizen. Mehl mit Zucker, Zimt und Lebkuchengewürz vermischen. Honig, Öl und Eier dazugeben und mit dem Handrührgerät zu einem glatten Teig verarbeiten. Natron mit Orangensaft verrühren und zum Teig hinzufügen. Die Walnüsse grob hacken und vorsichtig unterheben. Den Teig in die Form füllen und glatt streichen.

Den Honigkuchen im heißen Ofen etwa 60 Minuten backen, bis die Oberfläche dunkelbraun ist. Am besten eine Stäbchenprobe machen. Den Kuchen aus der Form lösen, auf einem Gitter vollständig auskühlen lassen und in Alufolie einwickeln. Am besten schmeckt der Lekach, wenn er an einem kühlen, trockenen Ort eine Woche durchziehen kann.

Teiglach

Für 6–8 Portionen

Für den Sirup
- 250 g Nüsse (z. B. Haselnuss-, Walnuss-, Mandel- oder Pekannusskerne, pur oder gemischt)
- 250 g Zucker
- 500 g Honig
- 3 EL Butter
- 1 EL frisch geriebener Ingwer

Für den Teig
- 3 Eier
- 1 EL Zucker
- 2 EL neutrales Öl
- 250 g Mehl
- Salz

Einen großen Teller mit Backpapier auslegen. Den Backofen auf 200°C vorheizen. Die Nüsse in einer Pfanne ohne Fett etwa 10 Minuten rösten, bis sie duften. Abkühlen lassen und grob hacken. Mit Zucker, Honig, Butter und Ingwer in einen Topf geben. Die Masse erhitzen und etwa 10 Minuten zu Sirup einköcheln lassen.

Inzwischen Eier, Zucker, Öl und 1 Prise Salz verquirlen. Mit dem Mehl zu einem festen Teig verarbeiten. Falls erforderlich etwas kaltes Wasser zufügen. Den Teig auf bemehlter Fläche daumendick ausrollen. In Würfel von 1–2 cm schneiden und diese im Sirup etwa 10 Minuten goldgelb kochen. Die Teigstücke und Nüsse mit dem Schaumlöffel herausheben und auf dem vorbereiteten Teller abkühlen lassen. Die Masse entweder im Ganzen oder in kleinen Portionen servieren.

← Bild links
Lekach

Challah-Brot

Für 2 Laibe

- 1 Würfel frische Hefe
- 85 g Zucker
- 1 kg Mehl
- 3 Eier
- 3 EL neutrales Öl
- Salz

Außerdem
- Sesam oder Mohn zum Bestreuen
- Öl für die Backbleche

Die Hefe mit 1 TL des Zuckers in 400 ml lauwarmem Wasser auflösen. Hefe, Mehl, restlichen Zucker, 2 TL Salz, 2 Eier und Öl mit den Knethaken des Handrührgeräts zu einem geschmeidigen Teig verkneten. Abgedeckt 20 Minuten an einem warmen Ort gehen lassen. Den Teig erneut 5 Minuten durchkneten und weitere 20 Minuten gehen lassen.

Den Backofen auf 50 °C vorheizen, zwei Backbleche einölen. Den Teig halbieren und jeweils zu 50 cm langen Rollen formen, wobei je eines der Enden dünner als das andere sein soll. Jeweils das dickere Ende in die Mitte eines Backblechs legen und das äußere schneckenhausartig darum winden. Das restliche Ei verquirlen und die Laibe damit einpinseln. Die Laibe im Ofen 30 Minuten gehen lassen, herausnehmen und nochmals mit Ei bestreichen.

Die Backofentemperatur auf 200 °C erhöhen. Die Laibe noch einmal mit Ei bestreichen, Mohn oder Sesam darüberstreuen und schließlich im Backofen 35–40 Minuten goldbraun backen. Klingen die Brote hohl, wenn man auf ihren Boden klopft, sind sie fertig.

TIPP

Die Challahs lassen sich auch als Zöpfe backen. Dazu aus den beiden Teighälften jeweils drei etwa 40 cm lange Rollen formen und daraus zwei Zöpfe flechten.

VARIANTEN

Für Challah mit Rosinen einfach in den fertigen Teig 1 Handvoll Rosinen kneten.
Für Challah mit Milch das Wasser durch Milch ersetzen und statt des Öls 85 g weiche Butter verwenden, dann ist das Challah jedoch nicht mehr neutral.

Sukkot

Kaum ist Jom Kippur vorüber, feiern die Juden schon ihr nächstes bedeutendes religiöses Fest, das sich über sieben Tage erstreckt: Sukkot, das Laubhüttenfest. Nach den Neujahrstagen voller ehrfürchtiger Zwiesprache mit Gott und reuiger Einkehr, sollen nun Freude und Erleichterung in die Seele des Gläubigen Einzug halten. Sukkot erinnert an die 40-jährige Wanderung der Juden durch die Wüste des Sinai, von der die Tora berichtet. Während dieser Zeit lebte das wandernde Volk in provisorischen Hütten. Solche werden symbolisch auch an Sukkot im Garten oder auf dem Balkon errichtet, in den Großstädten stellvertretend für die ganze Gemeinde in den Höfen der Synagogen. Typische Sukkot-Speisen gibt es nicht, von gesüßten Quark-Piroggen (s. S. 97) oder einfachen süßen Eierküchlein (Blinis, s. S. 95) bei den aschkenasischen Juden abgesehen.

Palm-, Myrten- und Bachweidenzweige werden zu Sukkot im Gottesdienst in der linken Hand getragen, die Zitronatzitrone in der rechten

Blinis

- 10 g frische Hefe
- 300 ml lauwarme Milch
- 1 Prise Zucker
- 180–200 g Buchweizenmehl
- 1 Ei
- 80 g Butter
- 1 Prise Salz

Die Hefe in die Milch bröseln. Zucker und 1 EL Mehl dazugeben und gut verrühren. 15 Minuten gehen lassen. Das Ei trennen, das Eigelb zu einer dicklichen, hellen Creme aufschlagen. 20 g Butter zerlassen. Mit dem Salz und dem Eigelb zum Vorteig geben und mit dem Mehl zu einem dicken, glatten Teig verrühren – sollte der Teig zu dünn sein, etwas mehr Mehl unterrühren. Zugedeckt weitere 30 Minuten gehen lassen.

Das Eiweiß steif schlagen und nach Ende der Gehzeit vorsichtig unter den Teig heben. Die restliche Butter in einer Pfanne erhitzen, den Teig mit dem Schöpflöffel in die Pfanne geben, sodass kleine Küchlein (ø 7–10 cm) entstehen. Von beiden Seiten jeweils 2–3 Minuten goldbraun backen.

TIPP

Blinis schmecken herzhaft mit Räucherlachs, Dill und Sauerrahm, aber auch süß mit Marmelade oder Fruchtkompott.

Süße Quark-Piroggen

Für ca. 30 Stück

Für den Teig
- 2 Eier
- 250 g Mehl
- Salz

Für die Füllung
- 1 Handvoll Rosinen
- 1 EL Apfelsaft
- 1 Bio-Zitrone
- 750 g Quark
- 150 g Zucker
- 1–2 Eier

Außerdem
- 1 Eigelb zum Bestreichen
- Zitronenzesten
- 200 g saure Sahne zum Servieren
- Salz

Eier, Mehl und 1 Prise Salz zu einem elastischen Teig verkneten, in Frischhaltefolie wickeln und 20 Minuten im Kühlschrank ruhen lassen.

Inzwischen für die Füllung die Rosinen mit dem Apfelsaft einweichen. Die Zitrone heiß waschen, trocknen und die Schale abreiben. Ein sauberes Geschirrtuch in ein Sieb legen, den Quark daraufgeben und 15 Minuten abtropfen lassen.

Den Teig dünn ausrollen und mit einem Glas Kreise (ø ca. 6 cm) ausstechen. Den abgetropften Quark mit Zucker, Eiern, Zitronenschale und Rosinen vermischen. Jeweils 1 TL der Füllung auf die Teigkreise geben. Die Ränder mit Eigelb bestreichen und die Piroggen gut verschließen, damit sie sich beim Kochen nicht öffnen.

In einem hohen Topf Wasser aufkochen, 1 TL Salz zugeben und die Piroggen darin etwa 7 Minuten gar ziehen lassen. Mit einem Schaumlöffel herausheben, mit Zitronenzesten garnieren und nach Belieben mit Sauerrahm servieren.

Purim

Am jüdischen Purim-Fest, einem weiteren Freudenfest, das in die Monate Februar oder März fällt, wird an die Errettung der Juden im Persischen Reich vor 2500 Jahren gedacht. Retterin war die Jüdin Esther, die Frau von König Xerxes. Sie war dem herrischen Minister Haman entgegengetreten, der den Tod aller unfügsamen Juden im Lande angeordnet hatte. Am Ende aber wird er selber gerichtet. Purim hat ein wenig den Charakter eines Faschingsfestes: die Kinder verkleiden sich und ziehen ausgelassen durch die Straßen. Für sie ist es ein Tag der Geschenke und Süßigkeiten. Eigens für diesen Festtag werden sogenannte Hamantaschen (s. S. 101) gebacken, auch Hamanohren genannt: dreieckige, mit Mohn, Pflaumen- oder Dattelmus gefüllte Teigtaschen. Ein typisches Purim-Essen sind auch die bereits genannten Krepchen (s. S. 110): mit Fleisch oder Frischkäse gefüllte Teigtaschen, die unseren Maultaschen ähnlich sind. Doch typischer für Purim sind fleischlose Gerichte in Form von Erbsen- und Bohneneintöpfen (s. S. 103); sie sollen daran erinnern, dass Esther, so lange sie im königlichen Palast weilte, kein Fleisch aß. Für ein religiöses Fest ganz und gar ungewöhnlich ist die Aufforderung an die Erwachsenen, sich an Purim so lange dem Weingenuss hinzugeben, bis man jedes Urteilsvermögen verloren hat und das Gute nicht mehr vom Bösen unterscheiden kann. Ein religiöses »Besäufnis-Fest« ähnlicher Art wird man in den anderen Religionen vergeblich suchen. Allerdings hat Purim einen eher weltlichen Charakter, wie ja auch das biblische Buch »Esther« mehr der Erbauungsliteratur zuzurechnen ist. Immerhin wird vor Purim einen Tag lang gefastet, um einen gewissen Ausgleich zu schaffen zu diesem heiteren Fest der Aufmüpfigkeit. Beim Vorlesen der Esthergeschichte in der Synagoge sind die Kinder sogar gehalten, die Erzählung immer dann lautstark zu unterbrechen, wenn der Name des bösen Haman fällt – auch das eine Ausnahme im vorwiegend ernsten Kultbetrieb der Religionen.

Eine Art jüdischer Fasching –
Kinder während des Purim-Festes

Hamantaschen

Für 30–40 Stück

Für den Teig
- 1 Ei
- 125 ml neutrales Öl
- 125 g Zucker
- 60 ml Orangensaft
- 650 g Mehl
- 1 TL Backpulver
- Salz

Für die Füllung
- 250 ml Milch
- 150 g Honig
- 150 g gemahlener Mohn
- 1 Bio-Zitrone
- 100 g Matzemehl (ersatzweise, aber nicht koscher: Semmelbrösel)
- 3 EL Rosinen
- Salz

Außerdem
- 1 Eigelb zum Bestreichen

Für den Teig das Ei mit Öl, Zucker und 1 Prise Salz verrühren. Orangensaft und 60 ml Wasser hinzufügen. Mehl und Backpulver mischen, nach und nach zugeben und zu einem weichen Teig kneten. Falls der Teig zu klebrig sein sollte, etwas mehr Mehl hinzufügen. Den Teig 20 Minuten ruhen lassen.

Für die Füllung die Milch in einem Topf zusammen mit Honig und 1 Prise Salz so lange erhitzen, bis sich der Honig aufgelöst hat. Den Mohn hinzufügen und bei niedriger Temperatur so lange köcheln lassen, bis der Mohn die Flüssigkeit aufgenommen hat. Die Zitrone heiß waschen, trocknen, die Schale abreiben und den Saft auspressen. Zitronensaft und -schale in die Mohnmasse einrühren. Wenn diese eingedickt ist, vom Herd nehmen, Matzemehl und Rosinen unterrühren und abkühlen lassen.

Den Backofen auf 150 °C vorheizen. Ein Backblech mit Backpapier auslegen. Den Teig auf einer bemehlten Arbeitsfläche etwa 5 mm dick ausrollen. Quadrate von 8 × 8 cm ausschneiden und diese jeweils diagonal halbieren, sodass Dreiecke entstehen. Auf jedes Dreieck jeweils 1 gestrichenen EL der Füllung geben. Die Ränder der Dreiecke nach oben biegen, an den Ecken mit Eigelb bestreichen und zusammendrücken, sodass sie oben noch offen sind und die Füllung zu sehen ist. Die Hamantaschen auf das Backblech setzen und im Ofen etwa 20 Minuten backen, bis sie goldbraun sind.

TIPP
Alternativ lassen sich die Taschen auch mit Dattel- oder Pflaumenmus füllen.

Bohneneintopf

Für 4–6 Portionen

- 400 g getrocknete weiße Bohnen
- 1,5–2 l Hühner- oder Rinderbrühe
- 2 EL Tomatenmark
- 1 TL gemahlener Kreuzkümmel
- ½ TL Cayennepfeffer
- 2 Knoblauchzehen
- Salz, frisch gemahlener schwarzer Pfeffer

Außerdem
- ½ Bd. glatte Petersilie zum Garnieren

Die Bohnen über Nacht in reichlich Wasser einweichen. Am nächsten Tag abgießen, abspülen, in einen Topf geben und mit Wasser bedecken. Alles zum Kochen bringen, die Hitze reduzieren und 30 Minuten köcheln lassen – die Bohnen sind dann halb gar.

Die Brühe zu den Bohnen in den Topf geben, erhitzen, das Tomatenmark unterrühren und die Gewürze hinzugeben. Den Knoblauch abziehen und mit dem Messerrücken zerdrücken; ebenfalls in den Topf geben. Den Eintopf bei niedriger Hitze etwa 1 Stunde köcheln lassen, dabei gelegentlich umrühren. Gegebenenfalls Wasser oder Brühe nachgießen.

Die weichen Bohnen mit einer Gabel leicht zerdrücken, damit der Eintopf noch etwas eindickt. Den Eintopf mit Salz und Pfeffer abschmecken, die Petersilie waschen, trocken schütteln, hacken und zum Servieren darüberstreuen.

Pessach

Bei den Christen sieht es im ersten Quartal des Jahres mit religiösen Festen und entsprechenden Festessen schlecht aus, es sei denn, das christliche Osterfest fällt in den späten März. Nicht anders bei den Muslimen: Muhammads Geburtstag im dritten islamischen Monat wird, wie bereits erwähnt, nur in manchen islamischen Ländern gefeiert, aber auch dort beschränkt sich das Kulinarische zumeist auf das Verteilen von selbst gemachten Süßigkeiten.

Frühesten am 22. März und spätestens am 25. April feiern die Christen ihr Osterfest, das Hauptfest des Kirchenjahres. Es steht nicht nur zeitlich, sondern auch kultisch ganz in der Nähe des wiederum sieben Tage währenden jüdischen

Unter Anleitung eines chassidischen Rabbi
wird Matzeteig hergestellt

Pessachfests, das am ersten Vollmond nach Frühlingsanfang beginnt. Aus diesem ist das Osterfest hervorgegangen. Das letzte Abendmahl, das Jesus mit seinen Jüngern feierte, war das rituelle Pessachmahl, der sogenannte Seder (hebräisch: Ordnung). Mit dem Seder in der Nacht des ersten Frühlingsvollmonds wird das Pessachfest eröffnet; er ist gewiss die schönste und bedeutendste Speisezeremonie im jüdischen Familienleben. Bei diesem rituellen Essen im Kreis der Liebsten, das sich in 15 Abschnitte gliedert, gedenken die frommen Juden des Auszugs ihrer biblischen Vorfahren aus Ägypten. In einer genau festgelegten Abfolge werden karge rituelle Speisen gereicht und diese mit Segenssprüchen begleitet. So wird der private Tisch gleichsam zum häuslichen Altar erhoben und der Hausherr zu einem Priester. Als rituelle Speise steht im Mittelpunkt die Matze, ein Fladenbrot aus ungesäuertem Teig (s. S. 107). Dazu werden Geschichten, Gebete, Erklärungen zum Auszug des auserwählten Volks vorgelesen, wie sie in der »Haggada« (Erzählung) niedergelegt wurden. Der elfte Abschnitt des Seder-Abends besteht aus einer großen Abendmahlzeit, die nach Belieben zusammengestellt werden kann. Am Ende wünschen sich alle »Leschana haba' a b' Jeruschalajim!« (Nächstes Jahr in Jerusalem!) und man singt Lieder.

Während des siebentägigen Pessachfests, bei dem freilich nur der erste und letzte Tag Hauptfeiertage sind, wird selbstverständlich auch festlich gegessen. Falls bei den Speisen Brot verwendet wird, darf es nur ungesäuertes Matze sein. So ist es auch üblich, die berühmte Hühnersuppe an Pessach mit Matze-Knödeln zu bereichern. Das Fest gilt in profaner Hinsicht als gelungen, wenn die Matze-Knödel besonders leicht und locker sind und nicht, wie im schlechtesten Fall, zum Briefbeschwerer taugen. Als typische aschkenasische Pessachspeisen gelten auch der Apfel-Matze-Kugel (Auflauf, s. S. 123), der Kneidlach (s. S. 109), oder Hühnerleber-Bällchen in Hühnerbrühe (s. S. 109). Aber auch an Süßem darf es an Pessach nicht fehlen: Orangen-Nuss-Kuchen (s. S. 120) aus Matzemehl, Mandeltorte (s. S. 119) oder Kokosmakrönchen (s. S. 121), die ganz ohne Mehl auskommen. Darüber hinaus kommt, wie bei allen Festtagen, das auf den Tisch, was auch am Schabbat an Speisen aufgeboten wird: etwa der berühmte, allerdings äußerst schwierig zuzubereitende Gefilte Fisch (s. S. 112).

Matzen

Für 12–15 Portionen

- 400 g Mehl
- Salz

Den Backofen auf 200 °C vorheizen. Ein Backblech mit Backpapier auslegen. Mehl und 1 Prise Salz mit 200–220 ml Wasser zu einem geschmeidigen Teig verarbeiten. Gegebenenfalls etwas mehr Wasser unterkneten.

Den Teig sofort zu dünnen, rechteckigen Fladen von etwa 20 × 15 cm ausrollen und im Backofen in etwa 15 Minuten goldbraun backen.

WICHTIG
Bis zum Backen darf die Verarbeitung maximal 18 Minuten dauern, damit die Matzen als ungesäuert gelten.

Einlagen für die Goldene Joich

Für ca. 20 Stück

- 3 mittelgroße Zwiebeln
- 2 TL ausgelassenes Hühnerfett
  (ersatzweise neutrales Öl)
- 250 g Hühnerleber
- 1 Ei
- 1 EL Speisestärke
- ½ TL Salz
- frisch gemahlener schwarzer Pfeffer

Außerdem

- 1,5 l Goldene Joich (s. S. 77)

Für ca. 20 Stück

- 2 Eier
- 2 EL ausgelassenes Hühnerfett
  (ersatzweise neutrales Öl)
- 125 g Matzemehl (ersatzweise, aber
  nicht koscher: Semmelbrösel)
- 2 EL Hühnerbrühe (ersatzweise Wasser)
- ½ Bd. Petersilie
- Salz

Außerdem

- 1,5 l Goldene Joich (s. S. 77)

Leberbällchen

Die Zwiebeln abziehen und fein würfeln. Das Hühnerfett in einer Pfanne erhitzen und die Zwiebeln darin bräunen, anschließend beiseitestellen. Die Leber waschen, trocken tupfen, grob hacken und durch den Wolf drehen oder alternativ in der Küchenmaschine pürieren.

Die Goldene Joich erhitzen. Das Ei trennen. Das Eigelb zusammen mit Stärke, Salz, Pfeffer und den gebratenen Zwiebelwürfeln unter die Leber mischen. Das Eiweiß steif schlagen und ebenfalls unter die Masse heben. Mit zwei Teelöffeln kleine Nocken abstechen und in der siedenden Brühe etwa 15 Minuten ziehen lassen.

Kneidlach

In einer Schüssel die Eier und das Fett mit ½ TL Salz gut vermengen. Nach und nach das Matzemehl einrühren. Die Hühnerbrühe hinzufügen und alles gut miteinander vermischen. Die Petersilie waschen, trocken schütteln, fein hacken und hinzufügen. Die Masse abdecken und etwa 20 Minuten im Kühlschrank ruhen lassen.

Die Goldene Joich erhitzen. Mit angefeuchteten Händen aus der Masse walnussgroße Kügelchen formen und in der Brühe 15–20 Minuten gar ziehen lassen.

← Bild links
Links | Leberbällchen
Mitte oben | Krepchen mit Frischkäse (s. S. 110)
Mitte unten | Kreplech (s. S. 110)
Rechts | Kneidlach

Einlagen für die Goldene Joich

Für 20–30 Stück

Für den Teig
- 2 Eier
- 250 g Mehl
- Salz

Für die Füllung
- 1 Zwiebel
- 1 TL Öl
- 250 g Rinderhackfleisch
- 1 TL getrockneter Majoran
- 1 Ei
- Salz, frisch gemahlener schwarzer Pfeffer

Außerdem
- 1,5 l Goldene Joich (s. S. 77)
- 1 Eigelb

Für 20–30 Stück

Für den Teig
- 2 Eier
- 250 g Mehl
- Salz

Für die Füllung
- ½ Bd. Petersilie
- ½ Bd. Schnittlauch
- 300 g körniger Frischkäse
- 3 EL Matzemehl (ersatzweise, aber nicht koscher: Semmelbrösel)
- 1 Ei
- Salz, frisch gemahlener schwarzer Pfeffer

Außerdem
- 1,5 l Goldene Joich (s. S. 77)

Kreplech

Die Eier mit Mehl und etwas Salz zu einem geschmeidigen Teig verkneten, anschließend 20 Minuten im Kühlschrank ruhen lassen.

Für die Füllung die Zwiebel abziehen und fein würfeln. Das Öl in einer Pfanne erhitzen und die Zwiebeln darin anschwitzen. Hackfleisch dazugeben und unter Rühren krümelig anbraten. Mit Majoran, Salz und Pfeffer würzen, vom Herd ziehen und abkühlen lassen. Das Ei unter die abgekühlte Fleischmasse mischen.

Die Goldene Joich erhitzen. Den Teig möglichst dünn ausrollen. Kleine Quadrate von 6 × 6 cm ausschneiden und je 1 TL Füllung mittig daraufgeben. Das Eibelb verquirlen und die Teigränder damit bestreichen. Die Teigstücke über Eck so zusammenklappen, dass eine dreieckige Tasche entsteht. An den Rändern gut verschließen, damit sich die Teigtaschen beim Kochen nicht öffnen. Die Kreplech in der Brühe etwa 10 Minuten gar ziehen lassen.

Krepchen mit Frischkäse

Den Teig wie oben zubereiten und ruhen lassen. Die Goldene Joich erhitzen. Für die Füllung Petersilie und Schnittlauch waschen und trocken schütteln. Petersilie hacken, Schnittlauch in Röllchen schneiden. Restliche Zutaten mit den Kräutern vermischen, mit Salz und Pfeffer abschmecken und die Teigtaschen damit wie oben beschrieben füllen. In der Brühe 10 Minuten gar ziehen lassen.

TIPP

Zu Schawuot (Wochenfest) lassen sich die Krepchen auch mit Käse füllen.

Abbildung →
s. S. 170 oben

Falsche Fisch

Für 6 Portionen

- 2 Karotten
- 2 Zwieblen
- 2 Staudenselleriestangen
- 1 EL Öl
- 1 Suppenhuhn oder Hähnchen (1–1,5 kg)
- 2 Lorbeerblätter
- 5 Pfefferkörner
- 3 Schalotten
- 100 g Rosinen
- 2 Eier
- 2–4 EL Matzemehl (ersatzweise, aber nicht koscher: Semmelbrösel)
- 60 g ausgelassenes Hühnerfett (ersatzweise neutrales Öl)
- Zucker, Salz, frisch gemahlener schwarzer Pfeffer

Karotten, Zwiebeln und Sellerie putzen bzw. schälen und grob würfeln. In einem großen Topf das Öl erhitzen und die Gemüsewürfel darin anschwitzen. Das Huhn hineinlegen und Wasser angießen, bis es bedeckt ist. Aufkochen lassen, den Schaum abschöpfen, bis die Brühe klar ist. Lorbeerblätter, Pfefferkörner und reichlich Salz dazugeben, die Hitze reduzieren, den Deckel auflegen und 1½–2 Stunden sanft köcheln lassen.

Das fertig gegarte Huhn aus der Brühe nehmen, die Haut entfernen, das Fleisch vom Knochen lösen. Die Schalotten abziehen, grob hacken und mit dem Fleisch durch den Fleischwolf lassen oder sehr fein hacken. Hühnchen-Schalotten-Mischung mit Rosinen, Eiern und etwas Matzemehl zu einer gut klebenden Masse verkneten und mit Zucker, Salz und Pfeffer abschmecken.

Aus der Masse mit feuchten Händen kleine Bällchen formen. Das Hühnerfett in einer Pfanne erhitzen und die Fleischbällchen darin goldbraun ausbacken. Wer will kann sie auch einfach in der Hühnerbrühe 10–15 Minuten ziehen lassen.

VARIANTE
Alternativ kann man auch die Masse in eine flache Auflaufform geben und daraus einen Fisch formen. Im Backofen bei 200°C etwa 30 Minuten backen.

Gefilte Fisch

Für 4–6 Portionen

Für die Brühe
- 1 Bd. Suppengrün
- 1 Zwiebel
- Kopf, Schwanz, Gräten und Häute von 1 Karpfen
- Salz, frisch gemahlener schwarzer Pfeffer

Für die Klöße
- 1 große Zwiebel
- 2 Karotten
- 1–2 EL Öl
- 1 kg Karpfenfilet
- 3 EL Matzemehl (ersatzweise, aber nicht koscher: Semmelbrösel)
- 3 Eier
- 2 EL Zucker (nach Belieben)
- 2–3 TL Salz
- 1 TL frisch gemahlener weißer Pfeffer

Für die Sauce
- 250 g frischer Meerrettich
- 500 g vorgegarte Rote Bete
- 1 TL Honig
- 60 ml Weißweinessig
- Salz

Außerdem
- Dill zum Garnieren

Das Suppengrün waschen und putzen, die Zwiebel abziehen und alles grob zerteilen. Zusammen mit Fischkopf, -schwanz, -gräten und -häuten in einen Topf geben und mit etwa 2 Liter Wasser auffüllen, sodass alles bedeckt ist. Salz zufügen und pfeffern. Aufkochen lassen, den Schaum abschöpfen, danach die Hitze reduzieren und etwa 30 Minuten köcheln lassen.

Inzwischen die Fischklöße vorbereiten. Dazu die Zwiebel abziehen, die Karotten schälen und beides klein schneiden. Das Öl in einer Pfanne erhitzen. Zwiebeln und Karotten darin glasig dünsten und etwas abkühlen lassen. Zusammen mit dem Fischfilet durch den Fleischwolf drehen oder im Mixer pürieren. Matzemehl, Eier, nach Belieben Zucker, Salz sowie Pfeffer unterrühren. Sollte die Masse zu fest sein, etwas kaltes Wasser hinzufügen.

Mit angefeuchteten Händen aus der Masse 20–25 Klöße formen und vorsichtig in den Topf mit der Brühe gleiten lassen. Zugedeckt etwa 1 Stunde köcheln lassen. Die Klöße sollten dabei immer von Brühe bedeckt sein, falls nötig etwas Wasser auffüllen. Die Fischklöße herausnehmen und auf eine Platte geben. Die Brühe durch ein Sieb gießen und löffelweise über die Klöße verteilen. Anschließend in den Kühlschrank stellen, bis die Brühe geliert ist.

Für die Sauce den Meerrettich schälen und 15 Minuten wässern. Dritteln, schneiden und fein reiben. Die Rote Bete ebenfalls fein reiben und mit dem Meerrettich vermischen. Honig und ½ TL Salz unter Rühren im Essig auflösen und gut mit Meerrettich und Rote Bete mischen. Die Sauce abschmecken. Die Fischklöße mit gekochten Karottenscheiben, Gelee und Meerrettichsauce servieren und mit Dill garnieren.

TIPP

Die Sauce hält sich in einem verschlossenen Glas im Kühlschrank mehrere Tage.

Fisch-Tscholent

Für 4–6 Portionen

- 2 große Gemüsezwiebeln
- 6 Karotten
- 10 küchenfertige Sardinen (etwa 1,5 kg)
- 200 ml Öl
- 60 ml Essig
- Salz

Außerdem
- Öl für die Form

Die Zwiebeln abziehen, halbieren und in feine Ringe schneiden. Die Karotten schälen und in Scheiben schneiden. Eine Auflaufform mit etwas Öl einpinseln. Die Hälfte der Fische eng nebeneinander in die Form legen und salzen. Die Hälfte der Zwiebeln und Karotten darübergeben. Die restlichen Fische einschichten, leicht salzen, Karottenscheiben darüberlegen und mit einer Schicht Zwiebelscheiben abschließen.

Den Backofen auf 120 °C vorheizen. Öl und Essig miteinander verrühren und über den Tscholent gießen. Traditionell wird der Tscholent über Nacht im Backofen gegart, die Sardinen sind aber auch nach 2 Stunden verzehrfertig.

Chreime

Für 4 Portionen

- 1 kg weißfleischiger, küchenfertiger Fisch
  (z. B. Wolfsbarsch oder Karpfen)
- 10 Knoblauchzehen
- 80 ml Öl
- 2 EL edelsüßes Paprikapulver
- 1 EL Cayennepfeffer
- 1 TL gemahlener Kümmel
- 1 TL gemahlener Kreuzkümmel
- 2–3 EL Tomatenmark
- Salz

Den Fisch in dicke Scheiben schneiden und salzen. Den Knoblauch abziehen und mit der Messerrückseite zerdrücken. Das Öl in einem großen, breiten Topf erhitzen und den Knoblauch und die Gewürze darin anbraten. Das Tomatenmark dazugeben und unter Rühren anbraten. Eine Tasse Wasser angießen, den Sud mit Salz abschmecken und alles 5 Minuten köcheln lassen.

Den Fisch in den Sud legen, aufkochen, den Deckel schließen und die Hitze reduzieren. Gegebenenfalls noch etwas Wasser angießen, der Fisch sollte komplett mit Flüssigkeit bedeckt sein. Den Fisch etwa 10 Minuten köcheln, bis er gar ist. Mit Brot servieren.

Mandeltorte

Für 1 Springform (ø 24 cm)

- 4 Eier
- 300 g Zucker
- 1 Prise Salz
- 2 Zitronen
- 400 g gemahlene Mandeln
- 125 g Puderzucker
- 2 Handvoll Mandelsplitter

Außerdem
- Öl für die Form

Den Backofen auf 170 °C vorheizen. Den Boden der Springform mit Backpapier auslegen, die Seiten etwas einfetten. Die Eier trennen. Die Eigelbe mit 150 g Zucker und dem Salz schaumig rühren. Ein halbe Zitrone auspressen. Die Hälfte der Mandeln und den Zitronensaft unterrühren. Die Mandel-Eigelb-Masse in die Form füllen und glatt streichen.

Die Eiweiße mit dem restlichen Zucker steif schlagen. Die restlichen Mandeln vorsichtig unterheben und die Baiser-Masse ebenfalls in die Form geben und verstreichen. Die Torte im heißen Ofen etwa 50 Minuten goldgelb backen.

In der Zwischenzeit den Guss vorbereiten. Dazu die restlichen Zitronen auspressen, den Saft mit dem Puderzucker verrühren und auf die noch heiße Torte träufeln. Mit den Mandelsplittern verzieren.

Orangen-Nuss-Kuchen

Für 1 Kastenform (30 cm Länge)

- 6 Eier
- 150 g weißer Zucker
- 100 g brauner Zucker
- 1 Prise Salz
- 2 EL Speisestärke
- 125 g Matzemehl (ersatzweise, aber nicht koscher: Semmelbrösel)
- 125 g Walnusskerne
- 1 Bio-Orange

Außerdem
- Butter für die Form

Den Backofen auf 170 °C vorheizen und die Form einfetten. Die Eier trennen. Die Eigelbe mit beiden Zuckersorten und dem Salz schaumig rühren. Speisestärke und Matzemehl mischen, darübersieben und mit der Eigelbmasse verrühren.

Die Walnüsse hacken. Die Orange heiß waschen, trocknen, die Schale abreiben und den Saft auspressen. Nüsse, Orangenschale und -saft zum Teig geben. Die Eiweiße steif schlagen und mit einem Schneebesen vorsichtig unterheben. Den Teig in die Backform geben, glatt streichen und den Kuchen etwa 55–60 Minuten backen.

Kokosmakronen

Für 30 Stück

- 4 Eiweiß
- ¼ TL Backpulver
- 250 g Zucker
- 1 TL Zitronensaft (oder Weißweinessig)
- 1 TL flüssiges Vanilleextrakt
- 275 g Kokosflocken

Das Eiweiß in einer großen Schüssel mit einem Handrührgerät bei mittlerer Geschwindigkeit schlagen, bis es schaumig ist. Backpulver zugeben und bei hoher Geschwindigkeit halb steif schlagen. Nach und nach den Zucker in Portionen von 2 EL zugeben, nach jeder Portion gut weiterschlagen, bis die Eiweiße sehr steif sind. Zitronensaft und Vanilleextrakt auf den Eischnee träufeln und die Kokosflocken daraufhäufen. Vorsichtig unterheben, bis alles gut vermischt ist.

Den Backofen auf 150 °C vorheizen. Zwei Backbleche mit Backpapier auslegen. Mit einem Teelöffel kegelförmige Häufchen mit etwa 2,5 cm Abstand zueinander auf die Bleche setzen.

Die Makronen nacheinander 40 – 45 Minuten backen, bis sie leicht gebräunt und in der Mitte noch etwas weich sind. Mit dem Papier vom Backblech auf ein Kuchengitter heben und etwas auskühlen lassen. Vorsichtig vom Papier abziehen und vollständig auskühlen lassen. In einer luftdicht verschlossenen Dose aufbewahren.

Apfel-Matze-Kugel

Für 4 Portionen

- 12 Matzen (s. S. 107)
- 4 Eier
- 2 EL Zucker
- 1 Päckchen Vanillezucker
- 1 Prise Salz
- 4 EL Butter (Raumtemperatur)
- 2 große Äpfel
- 1 TL Zimtpulver

Außerdem
- Butter für die Form
- Ahornsirup (nach Belieben)

Den Backofen auf 180 °C vorheizen. Eine Auflaufform gut mit Butter einfetten. Die Matzen zerbröseln und in Wasser einweichen. Die Eier trennen. Die Eigelbe gut mit Zucker, Vanillezucker und Salz verrühren. Die Butter ebenfalls unterrühren. Die Matzebrösel ausdrücken und mit der Eigelb-Butter-Masse vermischen.

Die Äpfel schälen, vierteln, vom Kerngehäuse befreien, würfeln und mit dem Zimt vermengen. Die Apfelwürfel mit dem Teig mischen. Die Eiweiße steif schlagen, vorsichtig unterheben und die Masse in die Auflaufform füllen. Den Matze-Kugel im Backofen etwa 20 Minuten backen. Zum Servieren nach Belieben noch 1–2 EL Ahornsirup auf den Kugel träufeln.

ÜBRIGENS

Der Kugel ist weniger die Bezeichnung für ein bestimmtes Gericht, als vielmehr der Verweis auf eine Zubereitungsweise. Diesen gebackenen Auflauf gibt es nämlich sowohl in süßen, als auch in herzhaften Varianten, mit Kartoffeln, Nudeln oder, wie in diesem Rezept, mit Matze als Hauptzutat.

Sefardisches Charosset

Für 4–6 Portionen

- 1 Bio-Orange
- 2 EL Honig
- 1 TL gemahlener Piment
- 1 TL gemahlene Nelken
- 2 TL Zimtpulver
- 1 TL Ingwerpulver
- 80 g gemahlene oder fein gehackte Mandeln
- 100 g Datteln (frisch oder getrocknet)
- 100 g getrocknete Feigen
- 80 g Walnusskerne
- 2 Granatäpfel

Die Orange heiß waschen, trocknen, die Schale abreiben und den Saft auspressen. 50 ml Orangensaft abmessen. In einer Schüssel Honig, Orangenschale und -saft, Gewürze und Mandeln mischen. Datteln und Feigen fein hacken, Walnüsse grob hacken und alles gut verrühren.

Die Granatäpfel halbieren und die Kerne herauslösen, dabei den Saft auffangen. Granatapfelkerne und -saft mit den übrigen Zutaten vermischen. Im Kühlschrank 2 Stunden ziehen lassen und servieren.

Aschkenasisches Charosset

Für 4–6 Portionen

- 2 mittelgroße Äpfel
- 60 ml lieblicher koscherer Rotwein
- 1 EL Honig
- 1 TL Zimtpulver
- 1 Msp. gemahlener Piment
- 250 g Walnusskerne
- 1 Bio-Zitrone

Die Äpfel schälen, entkernen und raspeln. Mit Rotwein, Honig, Zimt und Piment zu einer groben Paste verarbeiten. Falls das Charosset zu trocken ist, etwas mehr Rotwein hinzugeben. Die Walnüsse grob hacken und unterrühren. Die Zitrone heiß waschen, trocknen, die Schale abreiben und den Saft auspressen, die Apfelmasse damit abschmecken und über Nacht im Kühlschrank ziehen lassen.

ÜBRIGENS

Das Charosset ist ein unverzichtbarer Bestandteil des traditionellen Seder-Essens. In Farbe und Konsistenz soll es an den Lehm erinnern, aus dem die Juden im ägyptischen Exil Ziegelsteine herstellen mussten. In der aschkenasischen Küche der Juden Mittel- und Osteuropas besteht es hauptsächlich aus Äpfeln und Nüssen, die Zutaten des sefardischen Charossets spiegeln den Einfluss von Mittelmeerraum und Orient wieder.

Bild rechts →
Sefardisches
Charosset

Ostern

Dem aus dem jüdischen Pessach hervorgegangenen Osterfest der Christen geht eine 40-tägige Fastenzeit voraus, die an Karfreitag, dem Todestag Jesu, ihren Höhepunkt findet. Wie schon gesagt: Das Fasten wurde im Christentum nie als radikales Verbot von Essen und Trinken verstanden, sondern vor allem als ein Verbot von Fleischspeisen oder als Beschränkung auf eine einzige sättigende Mahlzeit pro Tag. Gefastet wird in diesem lockeren Sinn ohnehin nur unter frommen Katholiken, während die evangelischen Christen dem Fasten seit den Zeiten der Reformation nichts mehr abgewinnen konnten. Selbst bei den Katholiken, voran den bayerischen, wird in der vorösterlichen Fastenzeit der Gürtel eher weiter als enger geschnallt. Denn in dieser Zeit kommen reichlich fetttriefende Mehlspeisen auf den Tisch in Form von Dampf-, Rohr-, Schmalz-, Finger-, Schupf- und Schuxennudeln (s. S. 131). Sie haben nicht nur den Vorteil, dass sie den Fastenden auf genussvolle Weise sättigen, sondern sie kosten auch wenig.

Da der Katholizismus beim Fasten von jeher zur Vortäuschung falscher Tatsachen neigte, nutzte er die Mehlspeisen dazu, den lieben Gott hinters Licht zu führen. Der zum Fasten wenig geneigte Katholik formte kleine Teigtaschen, um darin das verbotene Fleisch zu verstecken. Gemeint sind die schwäbischen Maultaschen (s. S. 132). Angeblich wurden sie von Mönchen des Zisterzienserklosters Maulbronn eigens zu diesem Zweck erfunden. Wer's glaubt, wird selig. Tatsächlich weiß man nicht, wer die Maultaschen erfunden hat. Nudel-Historiker meinen zu wissen, dass die Maultaschen von zurückkehrenden schwäbischen Siedlern aus Russland mitgebracht wurden; damit würden sie nur eine schwäbische Variante der russischen Piroggen darstellen. Auch die aschkenasische jüdische Küche kennt Teigtaschen von alters her in Gestalt der Krepchen oder Kreplech. Möglich ist auch, dass die Maultaschen nichts anderes als italienische Ravioli oder Tortellini sind, die im süddeutschen Raum wegen der engen Beziehung zu Italien reichlich Zuspruch fanden.

Nun haben wir vor lauter Teigtaschen das christliche Osterfest ganz aus den Augen verloren – und die Festspeisen, die es dazu gibt. Der Verdacht liegt nahe, dass unsere Abschweifung damit zu tun hat, dass das Christentum an typischen Osterspeisen nicht viel zu bieten hat. Und so ist es auch. Es gibt im Grunde nur eine einzige religiös begründete, leider ziemlich dürftige Osterspeise: das hart gekochte und bunt gefärbte Osterei (s. S. 138). Dieses ist als ein altes Fruchtbarkeits- und Wiedergeburtssymbol allerdings heidnischen Ursprungs und wurde vom Christentum nur übernommen und buchstäblich christlich eingefärbt – wie so viele heidnische Bräuche. Ursprünglich färbte man die Ostereier nur rot. Die

Farbe Rot symbolisiert das Leben, die Neugeburt, die Freude, den Sieg und die Königswürde, während die weiße Farbe (des ungefärbten Eis) Tod und Trauer bedeutet.

Am Karfreitag, dem strengsten christlichen Fasttag, ist es üblich, Fischgerichte zuzubereiten (s. S. 135). Der Fisch ist ohnehin ein christliches Symbol, ja ein Symbol für Christus selbst. Nicht von ungefähr waren seine ersten Jünger Fischer. Mit Christus, so weiß die Astrologie, beginnt das 2000-jährige Zeitalter der Fische, das soeben endet und fließend in das des Wassermanns übergeht. Mancherorts gibt es am Gründonnerstag etwas Grünes, wie die Neunkräutersuppe (s. S. 134). Für den Ostersonntag bietet sich als religiös gefärbter Festbraten einzig ein Lammgericht an (s. S. 137), mit dem der kulinarische Bezug zum »Lamm Gottes« (Agnus dei) hergestellt wäre, als das sich Jesus verstand. Ein solcher Bezug findet sich auch im katholischen Osterbrauch, Kuchen in der Form eines Lamms zu backen (s. S. 138) und in der Ostermesse vom Pfarrer weihen zu lassen.

Karfreitagsprozession auf der Via dolorosa in Jerusalem

Struwen

Für 4 Portionen

- 1 Würfel frische Hefe
- 2 EL Zucker
- 400 ml lauwarme Milch
- 500 g Mehl
- 1 Bio-Zitrone
- 2 Eier
- ½ TL Salz
- 30 g Butter
- 150 g Rosinen

Außerdem
- Butterschmalz oder neutrales Öl
  zum Ausbacken
- Zimtpulver und Zucker zum Bestreuen

Die Hefe mit dem Zucker in etwas Milch auflösen. Das Mehl in eine Schüssel geben, in die Mitte eine Vertiefung drücken und die angerührte Milch hineingeben. Mit etwas Mehl vermengen und eine Viertelstunde gehen lassen. Die Zitrone heiß waschen, trocknen, die Schale abreiben. Mit den restlichen Zutaten zum Mehl und der Hefe geben und alles zu einem geschmeidigen Teig verkneten. Mit einem feuchten Tuch abdecken und 1 Stunde an einem warmen Ort gehen lassen.

Aus dem Teig kleine, runde Küchlein (ø 4 cm) formen. Das Fett in einer Pfanne erhitzen und die Struwen darin schwimmend ausbacken. Mit Zimt und Zucker bestreut servieren.

ÜBRIGENS

Struwen (plattdeutsch auch Olikrabben oder -kräppkes genannt) werden im Münsterland traditionell am Karfreitag gegessen.

Dampfnudeln

Für den Teig
- 250 g Mehl zzgl. etwas zum Verarbeiten
- 60 ml lauwarme Milch
- 50 g Zucker
- 10 g frische Hefe
- 1 Ei
- 1 Eigelb
- 50 g Butter (Raumtemperatur)

Für die Sauce
- 1 Vanilleschote
- 450 ml Milch
- 2 EL Zucker
- 2 TL Speisestärke
- 2 Eigelb
- Salz

Außerdem
- 100 ml Milch zum Dämpfen
- 20 g Zucker zum Dämpfen
- 2–3 EL gemahlener Mohn zum Bestreuen
- Puderzucker zum Bestäuben

Für den Teig das Mehl sieben. Die Milch mit 10 g Zucker lauwarm erwärmen, die Hefe darin auflösen. Hefemilch mit Mehl, 40 g Zucker, Ei, Eigelb und Butter mit den Knethaken des Handrührgerätes zu einem geschmeidigen Teig verarbeiten. Den Teig zugedeckt 1 ½ Stunden an einem warmen Ort gehen lassen.

Für die Sauce die Vanilleschote längs aufschneiden, das Mark herauskratzen. 300 ml Milch mit Zucker, Vanilleschote und -mark und 1 Prise Salz kurz aufkochen, beiseitestellen und 10 Minuten ziehen lassen. Die Vanilleschote entfernen. Restliche Milch mit Stärke und Eigelben verrühren. Die Vanillemilch erneut aufkochen. Die Milch-Eigelb-Mischung einrühren und bei milder Hitze 2 Minuten köcheln lassen. Sauce zum Abkühlen beiseitestellen.

Den Hefeteig auf einer leicht bemehlten Arbeitsfläche kurz durchkneten, zu einer Rolle von etwa 35 cm Länge formen. Daraus acht gleich große Stücke schneiden und diese zu halbrunden Kugeln formen. Zugedeckt nochmals 30 Minuten gehen lassen.

Zum Dämpfen die Milch mit Zucker in einen breiten flachen Topf geben. Die Dampfnudeln mit etwas Abstand zueinander vorsichtig hineinsetzen. Zugedeckt bei mittlerer Hitze etwa 20 Minuten dämpfen. Dabei soll sich am Topfboden eine hellbraune Kruste bilden. Inzwischen den Mohn in einer Pfanne ohne Fett bei mittlerer Hitze 1–2 Minuten rösten. Die Dampfnudeln vorsichtig aus dem Topf heben und auf Teller setzen. Mit Puderzucker bestäuben und mit Mohn bestreuen. Dazu die Vanillesauce servieren.

Schupfnudeln

Für 4 Portionen

- 500 g mehligkochende Kartoffeln
- 1 Ei
- 200 g Mehl
- frisch geriebene Muskatnuss
- Salz

Außerdem
- Mehl zum Verarbeiten
- Butter zum Anbraten

Die Kartoffeln am besten am Vortag in der Schale gar kochen und über Nacht kühl stellen. Am nächsten Tag Kartoffeln schälen und durch die Kartoffelpresse drücken. Das Ei zufügen. Mit Salz abschmecken und mit Muskat würzen. Nach und nach so viel Mehl zugeben, bis sich alles zu einem glatten Teig verkneten lässt.

In einem großen Topf Wasser zum Kochen bringen und salzen. Aus dem Teig auf einer bemehlten Arbeitsfläche mit bemehlten Händen eine Rolle formen. In Scheiben schneiden und zu ungefähr fingerdicken und daumenlangen Röllchen formen. Die Schupfnudeln rasch in das kochende Wasser geben. Die Temperatur reduzieren und die Schupfnudeln etwa 5 Minuten ziehen lassen. Wenn sie gar sind, steigen sie an die Oberfläche. Mit einer Schaumkelle aus dem Wasser nehmen. Sofort servieren oder zusätzlich in Butter anbraten.

Süße Schupfnudeln

Für 4 Portionen

- 1 Glas Zwetschgen (350 g Abtropfgewicht)
- 1 TL Speisestärke
- 50 g Zucker
- 1 kleine Zimtstange
- 100 ml Rotwein
- 2 EL Mandelstifte
- 30 g Butter
- 400 g Schupfnudeln
  (Rezept oben oder aus dem Kühlregal)
- 1 Päckchen Vanillezucker
- 2–3 EL Puderzucker

Die Zwetschgen abgießen, den Saft anderweitig verwenden. Die Speisestärke mit 1 TL kaltem Wasser anrühren. Die Früchte mit Zucker, Zimtstange und Rotwein in einen Topf geben, aufkochen und die angerührte Speisestärke einrühren. Nochmals kurz aufkochen und beiseitestellen.

Die Mandelstifte in einer Pfanne ohne Fett bei mittlerer Hitze 1 Minute hellbraun rösten und herausnehmen. Die Butter in der Pfanne erhitzen. Die Schupfnudeln darin goldbraun braten. Vanillezucker und Puderzucker in die Pfanne geben und kurz karamellisieren lassen. Die Schupfnudeln mit den Mandeln bestreuen und den Zwetschgen servieren.

Maultaschen

Für 4 Portionen

- 300 g Tiefkühl-Blattspinat
- 200 ml Milch
- 2 altbackene Brötchen
- 1 Zwiebel
- 1 Bd. glatte Petersilie
- 150 g geräucherter durchwachsener Speck
- 1 EL Butter
- 3 Eier
- 250 g gemischtes Hackfleisch
- 250 g Bratwurstbrät
- 500 g Nudelteig (Kühlregal)
- frisch geriebene Muskatnuss
- Salz, frisch gemahlener schwarzer Pfeffer

Außerdem
- 2 l Rinderbrühe
- 4 Zwiebeln (nach Belieben rote und gelbe gemischt)
- 50 g Butter
- ½ Bd. Schnittlauch

Den Spinat auftauen lassen. Die Milch in einem kleinen Topf erhitzen und die Brötchen darin einweichen. Die Zwiebel abziehen und in kleine Würfel schneiden. Die Petersilie waschen, trocken schütteln und fein hacken. Den Speck würfeln. Die Butter in einer Pfanne erhitzen und Zwiebel, Petersilie und Speck 2 Minuten bei mittlerer Hitze darin anbraten. Wer will, kann die Masse durch den Fleischwolf drehen oder im Mixer zerkleinern, damit die Füllung ganz fein wird. Den Spinat gut ausdrücken und klein schneiden. Die Brötchen ebenfalls gut ausdrücken und verzupfen. Die Zwiebel-Speck-Mischung mit Eiern, Brötchen, Hackfleisch, Bratwurstbrät und Spinat gründlich vermengen, mit Muskat, Salz und Pfeffer abschmecken.

Den Nudelteig 3 mm dünn ausrollen und in Rechtecke von 10 × 15 cm schneiden. Die Füllung darauf verstreichen, am oberen Rand der schmalen Seite jeweils einen 2 cm breiten Streifen frei lassen und mit Wasser bestreichen. Von der gegenüberliegenden Seite aus aufrollen, den freigelassenen Rand fest andrücken und Maultaschen von 3 cm Breite schneiden.

Die Brühe zum Kochen bringen. Die Maultaschen in der leicht kochenden Brühe 12–15 Minuten gar ziehen lassen. Inzwischen die Zwiebeln abziehen und in feine Ringe schneiden. Die Butter in einer Pfanne erhitzen und die Zwiebeln darin glasig dünsten. Den Schnittlauch waschen, trocknen und in feine Röllchen schneiden. Die Maultaschen mit einem Schaumlöffel aus der Brühe nehmen und mit Schnittlauch und Zwiebeln servieren.

VARIANTE

Oben haben wir gerollte Maultaschen zubereitet. Für richtige Taschen den Teig halbieren, beide Teile zu gleich großen Rechtecken ausrollen. Mit dem Esslöffel im Abstand von 2 cm die Füllung auf dem einen Teigrechteck platzieren, die Zwischenräume mit etwas Wasser einpinseln. Das zweite Rechteck darüberlegen und fest andrücken. Mit dem Teigrädchen in Rechtecke schneiden und ebenfalls in Brühe garen.

Neunkräutersuppe

Für 4 Portionen

- je 1 Handvoll von 9 verschiedenen Kräutern (z.B. Petersilie, Kerbel, Bärlauch, junge Brennnesseln, Brunnenkresse, Gänseblümchen, Giersch, Löwenzahn, Sauerampfer)
- 1 Zwiebel
- 2 EL Butter
- 2 EL Mehl
- 1 l Gemüsebrühe
- 125 g Sahne
- Salz, frisch gemahlener schwarzer Pfeffer

Die Kräuter waschen, trocken schütteln, die Blättchen von den Stielen zupfen und fein hacken. Die Zwiebel abziehen und klein schneiden. Die Butter in einem Topf zerlassen und die Zwiebeln darin glasig dünsten. Das Mehl darüberstreuen, hell anschwitzen und mit der Brühe ablöschen. Die Kräuter dazugeben. Die Suppe 15 Minuten köcheln lassen, dann mit Sahne, Salz und Pfeffer abschmecken.

ÜBRIGENS

Diese traditionelle Gründonnerstagssuppe passt nicht nur wegen ihrer Farbe besonders gut zu diesem Festtag, sie symbolisiert auch den Beginn des Frühjahrs. Der Suppe aus den neun grünen Kräutern wurde eine reinigende Heilkraft zugeschrieben und war deswegen optimal, um das lange Fasten zu brechen.

Forelle blau

Für 4 Portionen

- 4 Knoblauchzehen
- 6 Rosmarinzweige
- 2 Bio-Zitronen
- 4 küchenfertige Forellen (à 400 g)
- 125 ml l trockener Weißwein
- Salz, frisch gemahlener schwarzer Pfeffer

Außerdem
- 2 Bratenschläuche (je 60 cm lang)

Die Knoblauchzehen in feine Scheiben schneiden. Den Rosmarin waschen, trocken schütteln und die Nadeln abzupfen. Die Zitronen in Scheiben schneiden. Die Forellen innen und außen kalt abspülen und trocken tupfen. Mit Salz und Pfeffer bestreuen. Forellen mit der Hälfte des Rosmarins und des Knoblauchs füllen.

Den Backofen auf 160°C Umluft vorheizen. Zwei Bratenschläuche nach Packungsanweisung vorbereiten. Je zwei Forellen in einen Schlauch legen. Restlichen Knoblauch und Rosmarin darüber verteilen. Mit den Zitronenscheiben belegen, mit jeweils der Hälfte des Weißweins begießen. Die Enden fest verschließen. Die Bratschläuche an der Oberseite mittig 1 cm einschneiden und auf ein Backblech legen. Die Forellen im heißen Ofen auf der mittleren Schiene etwa 25 Minuten garen.

ÜBRIGENS

Als Zeichen der Trauer über den Tod Christi schweigen am Karfreitag alle Glocken und man isst Fisch in jeder Variation anstelle von Fleisch. Forelle oder Karpfen blau sind dabei sehr beliebte Zubereitungsarten, auch für den Heiligen Abend, der ebenfalls ein Fastentag ist (s. S. 180).

Lammkarree mit Kräuter-Nuss-Kruste

Für 4 Portionen

Für die Kräuter-Nuss-Kruste
- 80 g Butter
- 3 Scheiben Toastbrot
- 3 Thymianzweige
- 2 Stängel glatte Petersilie
- 2 Rosmarinzweige
- 50 g Walnuss- oder Haselnusskerne
- 1 Ei
- Salz, frisch gemahlener schwarzer Pfeffer

Für die Beilagen
- 800 g Kartoffeln
- 600 g grüne Bohnen
- 100 g geräucherter durchwachsener Speck
- 2 Rosmarinzweige
- 1 Zwiebel
- 2 EL Öl

Für das Lamm
- 1 Lammkarree (etwa 800 g)
- 2 EL Öl
- Salz, frisch gemahlener schwarzer Pfeffer

Für die Kräuterkruste die Butter zerlassen und zum Abkühlen beiseitestellen. Die Toastscheiben entrinden und grob würfeln. Thymian, Petersilie und Rosmarin waschen, trocken schütteln, von den Stängeln zupfen und grob hacken. Die Nüsse hacken. Toast, Kräuter und Nüsse mit dem Pürierstab oder dem Mixer fein zerkleinern. Butter und Ei unterrühren und mit Salz und Pfeffer würzen.

Die Kartoffeln waschen, schälen und in Spalten schneiden, die Bohnen putzen, den Speck klein würfeln. Rosmarin waschen, trocken schütteln, von den Stängeln zupfen und fein hacken. Die Zwiebel abziehen und fein hacken.

Den Backofen auf 225 °C Ober-Unterhitze vorheizen. Das Karree waschen, trocken tupfen und gegebenenfalls das Fett entfernen. Etwas Öl in einer Pfanne erhitzen, das Fleisch darin kräftig anbraten, mit Salz und Pfeffer würzen und herausnehmen. Die Nuss-Kräuter-Mischung auf das Fleisch geben und fest andrücken. Das Fleisch in einen Bräter geben und im Backofen etwa 30 Minuten braten. Nach 15–20 Minuten mit Alufolie abdecken.

In der Zwischenzeit die Beilagen zubereiten. Die Kartoffeln in Spalten schneiden, mit Öl auf ein Backblech geben und 20–25 Minuten mit in den Backofen geben. Rosmarin kurz vor Garende unter die Kartoffeln mengen. Die Kartoffeln würzen, aus dem Ofen nehmen und warm stellen. Den Speck im Bratfett knusprig braten. Zwiebeln dazugeben und kurz mitbraten. Die Bohnen in wenig kochendem Salzwasser 15–20 Minuten bissfest garen. Die Bohnen abgießen, abtropfen lassen und in der heißen Speckmischung schwenken. Nach Ende der Garzeit das Fleisch aus dem Ofen nehmen, etwa 5 Minuten ruhen lassen und dann aufschneiden.

Gebackenes Osterlamm

Für 1 Osterlammbackform (700 ml)

- 75 g Butter
- ½ Bio-Zitrone
- 3 Eier
- 1 Eigelb
- 125 g Zucker
- 1 Päckchen Vanillezucker
- 125 g Mehl
- 25 g Speisestärke

Außerdem
- Butter für die Form
- Puderzucker zum Bestäuben

Ein Backblech in die untere Schiene des Backofens schieben. Den Backofen auf 180 °C vorheizen. Die Lammform gut einfetten. Die Butter in einem kleinen Topf schmelzen. Die halbe Zitrone heiß waschen, trocknen und die Schale abreiben. Die Eier und das Eigelb mit Zucker und Vanillezucker zu einer cremigen Masse schlagen und die Zitronenschale zufügen. Mehl und Speisestärke mischen und mit dem Schneebesen vorsichtig unterheben. Die Butter tropfenweise unter den Teig rühren.

Den Teig in die Form füllen und diese auf das Blech stellen. Im heißen Ofen etwa 30–35 Minuten backen. Gegebenenfalls mit Alufolie abdecken. Das Lamm in der Form abkühlen lassen, herauslösen und die Standfläche wenn nötig mit einem Messer etwas begradigen. Mit Puderzucker bestäuben.

Gefärbte Ostereier

- 500 g Rote Bete (rot)
- 100 g Heidelbeeren (blaurot)
- 100 g Brennnesselblätter (gelbgrün)
- 100 g Spinat (grün)
- weiße Eier (Anzahl nach Belieben)
- 5 EL Essig

Außerdem
- Öl zum Einfetten

Rote Bete, Heidelbeeren, Brennnesselblätter und Spinat hacken, jeweils in 2 l Wasser geben und einige Stunden ziehen lassen. Die Eier vor dem Färben gründlich mit Essigwasser reinigen – so nehmen sie die Farbe besser an. Dafür den Essig in 500 ml Wasser geben und die Eier darin nacheinander säubern.

In einem Topf Wasser zum Kochen bringen und die Eier 10 Minuten hart kochen. Inzwischen die vier Pflanzensude ebenfalls zum Kochen bringen und jeweils durch ein Sieb abgießen. Die noch heißen Eier in den abgegossenen Sud geben und ziehen lassen, bis sie die gewünschte Farbe angenommen haben – das kann etwa 30 Minuten dauern. Die Eier zum Trocknen auf Küchenpapier legen oder in einen leeren Eierkarton setzen. Die trockenen, kalten Eier mit einigen Tropfen Öl einreiben, damit sie schön glänzen.

Pfingsten und Schawuot

Wie Ostern aus dem jüdischen Pessach, so ist Pfingsten aus dem jüdischen Schawuot (Wochenfest) hervorgegangen. In der Bibel erscheint es als Fest der Weizenernte. Es wird 50 Tage nach Pessach gefeiert; entsprechend wird auch Pfingsten 50 Tage nach Ostern begangen. Davon rührt auch sein Name; er leitet sich von griechisch »pentakoste« ab, was »50 Tage« bedeutet. Doch Schawuot war mehr als nur ein Erntefest. Sein tieferer Sinn liegt im Erinnern an die Offenbarung Gottes am Berg Sinai im dritten Monat nach dem Auszug der Israeliten aus Ägypten. Da gab Gott dem Moses nicht nur die Zehn Gebote, sondern die Tora, freilich nur in spiritueller Hinsicht. Denn Gott kann Moses schlecht die fünf Bücher Mose übergeben haben. Es geht hier nicht um die Tora als literarisches Werk, sondern um die Offenbarung des Geists der Tora und damit um den göttlichen Geist, den Moses auf dem heiligen Berg empfing.

Diese jüdische Offenbarungtradition setzt das christliche Pfingstfest fort. Der im Himmel weilende Sohn Gottes, der dort zur Rechten des Vaters thront, offenbart sich noch einmal in rein geistiger Form, symbolhaft dargestellt in den Feuerzungen, die sich auf die Häupter der zu Schawuot versammelten Jünger und Jüngerinnen niedersenken, begleitet von einem alles übertönenden Sturmgebraus. Pfingsten ist das Fest des stürmischen Heiligen Geists, von dem fortan alle Gläubigen erfüllt sein werden. Und es ist gleichzeitig das höchste Fest der Kirche, gleichsam ihr Gründungsfest. Denn allein die Kraft des Heiligen Geists macht die Lebendigkeit der Kirche aus. Religionsgeschichtlich vollzieht sich im Pfingstfest der endgültige Bruch des Christentums mit dem Judentum. Mit dem Pfingstereignis wird eine neue Kirche begründet. Dennoch bleibt die enge Bindung zwischen beiden Religionen bestehen, da Gott ganz bewusst am jüdischen Schawuot seinen Geist in die Häupter der Urchristen gesenkt hat. Damit bekräftigt er die Bindung der Christen an die Religion des von Gott auserwählten jüdischen Volks.

Der Heilige Geist wird im Christentum bildhaft als weiße Taube dargestellt. Man könnte deshalb mutmaßen, dass die Christen zu Pfingsten gern gebratene Tauben verzehren. Dem ist aber nicht so. Allerdings gab es früher in katholischen Gegenden Süddeutschlands zu Pfingsten ein Gebäck, das Heilig-Geist-Krapfen (s. S. 143) oder Allgäuer Brotvogel genannt wurde und den Heiligen Geist in Gestalt der Taube symbolisierte. Diese Tradition ist aber so gut wie erloschen. Auch der sprichwörtliche Pfingstochse, mit dem das zum Almauftrieb geschmückte

Rind gemeint ist, hat sich auf dem Festtagstisch der Christen nicht durchsetzen können. Mit Pfingsten kann der Durchschnittschrist ohnehin nur wenig anfangen, und so haben sich auch keine nennenswerten kulinarischen Spezialitäten zu diesem Fest entwickelt. Bei den gläubigen Juden werden an Schawuot immerhin besondere Käsekuchen (s. S. 143), auch gesüßte Quarkknödel (s. S. 144) oder ein Lokschen-Kugel (s. S. 145) mit Käse serviert; damit wird an diesem Fest dem Milchigen eindeutig der Vorzug vor dem Fleischigen gegeben.

Eigentlich wäre es nun endlich an der Zeit, in unserem religiösen Jahreslauf ein islamisches Fest mit den dazugehörigen Speisen vorzustellen, doch das religiöse Jahr der Muslime enthält sich für die Dauer von neun Monaten jeglicher religiöser Festlichkeiten. Und so muss man ein weiteres Mal ganz nüchtern feststellen, dass das Judentum im Feiern religiöser Feste unübertroffen ist. Das muss auch nicht verwundern, sind es doch gerade die traditionellen Feste, die den Zusammenhalt eines Volkes stärken, das in der Zerstreuung, Verfolgung und ewigen Anfeindung seine Identität bewahren musste, um nicht unterzugehen.

Das Pfingstwunder – der Heilige Geist kommt
auf die Jünger herab

Käsekuchen

Für 1 Backform (20 × 30 cm)

Für den Boden
- 200 g Butterkekse
- 120 g Butter
- 2 EL Zucker

Für den Belag
- 1 Bio-Zitrone
- 200 g Butter
- 200 g Zucker
- 1 Ei
- 1 Eigelb
- 250 g Magerquark
- 200 g saure Sahne

Für den Boden die Kekse zerbröseln und die Butter schmelzen. Butter, Keksbrösel und Zucker verrühren. Zwei Drittel der Mischung auf dem Boden einer eckigen Backform festdrücken und diese etwa 20 Minuten in den Kühlschrank stellen, damit der Boden fest wird.

Die Zitrone heiß waschen, trocknen und die Schale abreiben. Für den Belag Butter, Zucker, Ei und Eigelb mit dem Handrührgerät schaumig schlagen. Quark und saure Sahne miteinander verrühren und die Zitronenschale hinzufügen. Den Quark vorsichtig mit der Butter-Ei-Masse vermischen. Den fertigen Belag auf dem Kuchenboden verstreichen. Den Rest der Kekskrümel streuselartig auf der Füllung verteilen. Den Kuchen 24 Stunden kühlen und dann erst servieren.

Heilig-Geist-Krapfen

Für ca. 20 Krapfen

- 5 Eigelb
- 60 g Sahne
- 2 cl Rum
- 1 Prise Salz
- 500 g Mehl

Außerdem
- 200 g Butterschmalz
- Puderzucker zum Bestäuben

Eigelbe und Sahne verquirlen, mit Rum, Salz und Mehl zu einem glatten Teig verkneten, 30 Minuten ruhen lassen. Den Teig in pflaumengroße Stücke teilen und jedes Teigstück zu sehr dünnen Fladen von etwa ø 20 cm ausrollen.

Das Butterschmalz in einem Topf erhitzen. Einen Fladen mithilfe eines Pfannenwenders in das heiße Fett halten. Während des Ausbackens den Fladen wie eine Blüte eindrehen. Dazu einen Holzlöffel in der Mitte des Fladens auf den Teig setzen und durch rasche Drehbewegungen des Löffels den Teig um den Löffel herum in Falten legen – man nennt es »den Heiligen Geist eindrehen«. Alternativ den Fladen in der Mitte etwas zusammendrücken, sodass er eine Schmetterlingsform bekommt.

Den fertig ausgebackenen Krapfen herausnehmen und mit den restlichen Fladen ebenso verfahren. Auf Küchenpapier abtropfen lassen und mit reichlich Puderzucker bestäuben.

ÜBRIGENS
Während der Käsekuchen eine typische Speise zum jüdischen Schawuot ist, werden die Heilig-Geist-Krapfen in Süddeutschland gerne zum christlichen Pfingsten gegessen.

← Bild links
Käsekuchen

Quarkknödel

Für 4–6 Portionen

- 500 g Quark
- ½ Bio-Zitrone
- 1 Ei (Größe L)
- 50 g Weichweizengrieß
- 50 g Mehl (Type 550)
- frisch geriebene Muskatnuss
- Salz, frisch gemahlener schwarzer Pfeffer

Außerdem
- 75–100 g Butter zum Braten
- Kompott oder Konfitüre zum Servieren

Ein Sieb mit einem sauberen Küchentuch auslegen, den Quark hineingeben und über Nacht gut abtropfen lassen. Die halbe Zitrone heiß waschen, trocknen und die Schale abreiben. In einer großen Schüssel den Quark mit Ei, Grieß und Mehl gut vermengen, die Zitronenschale unterrühren und die Masse mit Muskat, Salz und Pfeffer abschmecken. Alles erneut gut durchrühren, bis die Masse eine feine, geschmeidige Konsistenz hat. Für etwa 30 Minuten ins Tiefkühlfach geben.

In einem großen Topf Wasser zum Kochen bringen und salzen. Jeweils etwa 2 EL gekühlte Quarkmasse mit feuchten Händen zu Knödeln formen, diese vorsichtig ins kochende Wasser gleiten lassen, das Wasser wieder aufkochen lassen, dann die Hitze reduzieren und die Knödel 2–3 Minuten ziehen lassen – sie steigen an die Oberfläche, wenn sie gar sind. Mit einem Schaumlöffel herausnehmen und etwas abtropfen lassen.

Die Butter in einer Pfanne zerlassen und die Knödel darin leicht bräunen. Mit Kompott oder Konfitüre servieren.

Lokschen-Kugel mit Früchten

Für 4 Portionen

- 450 ml Milch
- 125 g dünne Nudeln
  (z. B. Vermicelli oder Suppennudeln)
- 1 Bio-Zitrone
- 1 Bio-Orange
- 100 g getrocknete Aprikosen
- 45 g Datteln (frisch oder getrocknet)
- 2 Eier
- ½ TL Zimtpulver
- ¼ TL frisch geriebene Muskatnuss
- 60 g Zucker
- 30 g Butter
- 45 g Rosinen
- 30 g Mandelblättchen
- Salz

Außerdem
- Butter für die Form

Die Milch in einem mittelgroßen Topf zum Kochen bringen. Die Nudeln darin bei geringerer Hitze 15 Minuten ziehen lassen, bis sie gerade weich sind und den größten Teil der Milch aufgesogen haben. Etwas abkühlen lassen.

Den Backofen auf 180°C vorheizen. Eine ofenfeste Back- oder Auflaufform (900 ml) einfetten. Die Orange und Zitrone heiß waschen, trocknen und die Schalen abreiben. Die Aprikosen und Datteln in kleine Würfel schneiden. Eier, 1 Prise Salz, Orangen- und Zitronenschale, Zimt, Muskat und Zucker gut verrühren. Die Butter in einem kleinen Topf zerlassen und zusammen mit Aprikosen, Datteln und Rosinen untermengen.

Die gekochten Nudeln zur Ei-Mischung geben und unterheben, um die Trockenfrüchte gleichmäßig zu verteilen. Die Masse in die Form füllen und mit Mandelblättchen bestreuen. 40–50 Minuten backen, bis ein Messer, das in die Mitte gestochen wird, sauber bleibt.

TIPP

Der Auflauf wird cremiger, wenn man ihn im Wasserbad gart. Die Masse wie oben beschrieben vorbereiten. Die gefüllte Form in eine mit kochendem Wasser gefüllte Fettpfanne stellen. Die Form in den ersten 25 Minuten der Backzeit mit Alufolie zudecken; dann öffnen, damit die Oberfläche und die Mandeln braun werden.

Sefardische Käsebrötchen

Für 30 Stück

- 250 g koscherer Hartkäse
  (z. B. Parmesan, Pecorino oder Gruyère)
- 150 g koscherer Schafkäse
- 200 g Butter
- 350 g Mehl
- 2 TL Backpulver
- 250 g Doppelrahmfrischkäse (oder Ricotta)
- 1 Ei

Den Backofen auf 200 °C vorheizen. Ein Backblech mit Backpapier auslegen. Den Käse reiben, 50 g zum Bestreuen der Brötchen beiseitestellen. Den Schafkäse zerkrümeln. Die Butter in einem kleinen Topf schmelzen. Alle Zutaten, bis auf den Käse für den Belag, zu einem sehr weichen Teig verrühren. Gegebenenfalls etwas Mehl hinzufügen, falls der Teig zu weich ist.

Aus dem Teig 30 kleine Kugeln formen und mit der Oberseite in den Käse drücken. Auf das Backblech setzen, dabei etwas Abstand zwischen den Brötchen lassen. Im heißen Ofen etwa 20 Minuten backen, bis die Brötchen leicht gebräunt sind. Kurz abkühlen lassen und sofort servieren.

Ramadan

Erst im neunten Monat (Ramadan) des islamischen Kalenders, dem »König der Monate«, feiern die Muslime wieder ein religiöses Fest: ihr bedeutendstes. Rein äußerlich hat es freilich gar nichts Festliches an sich, zumindest nicht bei Tage. Es ist ein Fest des Verzichts und der Askese. 30 Tage lang darf der Gläubige von Tagesanbruch bis Sonnenuntergang nichts zu sich nehmen, weder Speise noch Getränke, auch nicht den Rauch einer Zigarette, ja nicht mal Wasser! In den heißen arabischen Ländern ist das eine extrem harte Prüfung. Auch Sex und Zärtlichkeiten sind bis zum Einbruch der Nacht verboten, was freilich kaum Probleme bereitet, da der geflügelte Eros von Haus aus ein eher nachtaktives Wesen ist.

Eine große Vielfalt an Süßspeisen steht für das Fastenbrechen während der Ramadannächte bereit.

Streng genommen sollte sich der fromme Muslim während dieses heiligen Monats ganz auf Allah besinnen und dabei am eigenen Leib spüren, wie es den Armen und Hungernden während des ganzen Jahres ergeht. Tatsächlich aber hat dieser Monat des Fastens, eben weil nur am Tage gefastet werden muss, den Charakter eines nächtlichen Fests der sinnlichen Freuden und Genüsse. Der Ramadan zeigt von daher zwei gegensätzliche Gesichter ähnlich wie das Weihnachtsfest der Christen: einerseits Einkehr, Besinnlichkeit, Ruhe, andererseits Frohsinn, Unterhaltung, Konsum. Nach dem Gebet zum Sonnenuntergang, das das Fasten beschließt, wandelt sich der Fastenmonat schlagartig in sein Gegenteil: Es wird aufgetischt, dass sich die Tische biegen. Schon Wochen vor Beginn des Ramadan werden die Supermärkte leergekauft, als stünde der allgemeine Notstand bevor. Täglich bereiten die Frauen neue Festspeisen für die Nacht vor – gewiss kein leichtes Unterfangen, für jeden Tag was Neues auszutüfteln. Die religiöse Bedeutung des Fastenmonats kapituliert hier ein Stück weit vor der Macht des Konsums. Die Nacht wird zum Tage gemacht. Dabei wäre, der Gesundheit zuliebe, nach 15 Stunden ohne Essen und Trinken Vorsicht geboten. Zuallererst sollte man viel trinken, vor allem Wasser, dieses nicht zu kalt und nicht auf einmal, sondern über den ganzen Abend verteilt. Die Speisen sollten viel Obst und Gemüse enthalten, hingegen wenig Fleisch, Fett und Kohlehydrate. Und morgens, vor Sonnenaufgang, sollte wiederum viel getrunken werden! Doch der durchschnittliche Muslim hält sich meist nicht an diese guten Ratschläge, vielmehr frönt er der Völlerei, so er sich diese leisten kann.

Das nächtliche »Iftar« (Mahl des Fastenbrechens) wird symbolisch, das heißt hochkonzentriert und feierlich, mit drei, oft in Milch eingeweichten Datteln eröffnet. Danach folgt in der Regel ein reichhaltiges, bei den Wohlhabenden sogar überbordendes Vier-Gänge-Menü. Es beginnt zum Beispiel mit Harira, einer marokkanischen Hülsenfrüchtesuppe (s. S. 155), gefolgt von Salaten (s. S. 157) und verschiedenen, meist deftigen traditionellen Hauptgerichten, etwa den allseits beliebten Hammelspießen (s. S. 156) mit Bratkartoffeln. Zum Abschluss gibt es extrem süße Nachspeisen (s. S. 161). Mit vollem Bauch geht es dann zum Gebet in die Moschee. Danach versammelt man sich vor den Fernsehapparaten, denn Ramadan ist auch die hohe Zeit der Seifenopern, die eigens für den Fastenmonat von den Fernsehsendern produziert werden. Vor drei Uhr morgens geht kaum einer zu Bett – um kurz danach schon wieder von Straßentrommlern zum ersten Gebet geweckt zu werden. Die nächtliche Völlerei während des Ramadan führt dazu, dass die wohlhabenden Muslime am Ende des Fastenmonats an Gewicht eher zu- als abgenommen haben. Immerhin profitieren auch die Armen vom Ramadan: die Reichen lassen Zelte auf den Straßen und in den Höfen aufstellen, in denen für die Notleidenden warmes Essen ausgegeben wird. Ganz uneigennützig ist das freilich nicht: der Spender darf sich davon nichts Geringeres als Allahs Lob erhoffen und jede Menge »Sawab« (Pluspunkte) für gute Taten; sie werden einem fürs Jüngste Gericht, trotz aller Sünden, gutgeschrieben.

Das Ende des Ramadan wird – als wäre in den vergangenen 29 Nächten nicht schon genug gefeiert worden – mit einem dreitägigen großen Fest begangen, dem Eid al-fitr. Der fröhlichen Stimmung nach ist es am ehesten mit dem christlichen Weihnachtsfest zu vergleichen. Familien und Freunde kommen zusammen, die Kinder werden beschenkt, und man verabschiedet den Fastenmonat mit einem überbordenden Festgelage – als hätte man tatsächlich einen Monat lang nichts gegessen.

Muslime beim Fastenbrechen

Datteln und Milch

Für 6 Personen

- 18 Datteln (frisch oder getrocknet)
- 500 ml Milch

Zum Fastenbrechen werden traditionell Datteln mit Milch gereicht. Je nach Jahreszeit und Land können das sowohl frische als auch getrocknete Datteln sein. Gern werden die Datteln auch in der Milch eingeweicht und dann gereicht.

Falafel

Für 10–12 Portionen

- 1 kg getrocknete Kichererbsen
- 1 große Zwiebel
- 10 Knoblauchzehen
- 1 Bd. frische Petersilie
- 1 Bd. Koriandergrün
- 1 TL Koriandersamen
- 3–4 Chilischoten (ersatzweise 2–3 TL Chiliflocken)
- 1 ¼ EL gemahlener Kreuzkümmel
- 1 Prise gemahlener Kardamom
- 1 EL Salz
- 1 TL frisch gemahlener schwarzer Pfeffer
- 1 gestrichener TL Backpulver
- 2 EL Mehl
- 1 gestrichener TL Natron

Außerdem
- Öl zum Frittieren
- Salatblätter zum Servieren

Die Kichererbsen über Nacht in reichlich Wasser einweichen. Am nächsten Tag abgießen und gut abspülen. Zwiebel und Knoblauchzehen abziehen, Petersilie und Koriander waschen, trocken schütteln und hacken. Die Koriandersamen in einer Pfanne bei mittlerer Hitze rösten, bis sie duften. Kichererbsen, Zwiebeln, Knoblauch, Kräuter, Koriandersamen und Chilis im Fleischwolf oder der Küchenmaschine zerkleinern, aber nicht pürieren. Die Falafel werden später knuspriger, wenn der Teig nicht zu glatt ist. Die Masse mit Kreuzkümmel, Kardamom, Salz und Pfeffer würzen. Backpulver und Mehl dazugeben, gut vermischen und 1 Stunde kühlen.

Vor dem Frittieren das Natron in 4–5 EL Wasser auflösen und gut mit dem Teig vermischen. Mit einem Eisportionierer oder mit feuchten Händen walnussgroße Bällchen formen. Das Öl auf mittlere Stufe erhitzen. Wenn es zu heiß ist, werden die Falafel zu schnell braun und sind innen noch roh. Die Temperatur prüfen, indem man ein Bällchen zur Probe frittiert. Die Falafel in kleinen Portionen auf jeder Seite 4–5 Minuten ausbacken, bis die Kugeln goldbraun sind. Mit einem Schaumlöffel aus dem Öl nehmen und in einem Sieb oder auf Küchenkrepp abtropfen lassen. Mit Salatblättern servieren. Dazu passen Pitabrot und Hummus.

TIPP

Grüne Falafel bekommt man, wenn man zusätzlich je ½ Bund gehackte Petersilie und Koriander zugibt. Gelb werden die Falafel mit 1 TL Kurkumapulver. Wenn Sie die Falafel vor dem Frittieren in Sesam rollen, werden sie besonders knusprig.

Harira

Für 4 Portionen

- 150 g getrocknete Kichererbsen
- 1 EL braune Linsen
- 2 große Zwiebeln
- 4 große Tomaten
- ½ Bd. Liebstöckel
- 1 Bd. Petersilie
- 400 g Rind-, Lamm-, oder Hähnchenfleisch
- 1 EL Graupen
- 1 EL Langkornreis
- 1 EL Butterschmalz
- 3 l Hühnerbrühe
- 1 Prise Safran
- 3 EL Mehl
- 2 kleine Dosen Tomatenmark
- 1 EL Gabelspaghetti
- 2 Eier
- Salz, frisch gemahlener schwarzer Pfeffer

Außerdem
- Zitronenspalten zum Servieren

Die Kichererbsen und die Linsen am Vortag in reichlich Wasser einweichen. Zwiebeln abziehen, grob hacken und in der Küchenmaschine fein pürieren. Die Tomaten kreuzweise einritzen, mit kochendem Wasser übergießen, häuten und fein hacken.

Die Kräuter waschen, trocknen, von den Stängeln zupfen und fein hacken. Das Fleisch in 2 cm große Würfel schneiden. Linsen und Kichererbsen abgießen, mit der Zwiebelmasse, Kräutern, Tomaten, Graupen, Reis und Butterschmalz in einen Topf geben. Die Hühnerbrühe angießen und das Fleisch hineingeben. Safran zugeben und mit Salz und reichlich Pfeffer würzen. Die Suppe aufkochen, die Hitze reduzieren und 50 Minuten sanft köcheln lassen.

Etwas Brühe in zwei kleine Schüsseln füllen. In der einen Schüssel das Mehl mit der Brühe glatt rühren, in der zweiten das Tomatenmark mit der Brühe verrühren. Beides zurück in die Suppe geben und gut unterrühren. Die Gabelspaghetti dazugeben und weitere 10 Minuten köcheln lassen. Kurz vor Ende der Garzeit die Eier verquirlen, in die Suppe rühren, aber nicht mehr kochen. Den Eintopf mit den Zitronenspalten servieren.

ÜBRIGENS

Diese traditionelle arabische Suppe ist in Nordafrika, vor allem in Marokko, sehr verbreitet und wird während des Ramadans gerne als erste Speise nach Sonnenuntergang gegessen.

Hammelspieße mit zwei Marinaden

Für die Marinade 1 den Knoblauch abziehen, mit ¼ TL Salz zerdrücken und mit dem Olivenöl und den Gewürzen verrühren.

Für die Marinade 2 die Zwiebeln abziehen, fein reiben, mit 1 TL Salz zerdrücken und 5 Minuten stehen lassen. Die Zwiebeln in ein Mulltuch oder in ein sauberes Küchenhandtuch geben und auspressen, den Saft auffangen, die Menge sollte etwa 100 ml Saft ergeben. Die Zitrone auspressen. Den Zwiebelsaft mit den restlichen Zutaten gründlich vermengen.

Das Hammelfleisch von Sehnen und Fett befreien und in 3 cm große Würfel schneiden. Die Hälfte des Fleischs mit jeweils einer der Marinaden in einen Gefrierbeutel geben, die Luft herausdrücken, gut verschließen und die Marinade durch Kneten gut verteilen. Im Kühlschrank 12 Stunden ziehen lassen.

Die Paprikaschoten putzen und in grobe Stücke zerteilen. Das Fett ebenfalls in Stücke schneiden. Das Fleisch auf Spieße stecken, nach drei Stücken jeweils ein Stück Fett aufspießen. Die kleinen Tomaten und die Paprika entweder mitaufspießen oder separat grillen. Die Spieße auf dem Grill oder in der Pfanne von beiden Seiten schön bräunen. Dazu passen Bratkartoffeln.

Abbildung →
s. S. 170 Mitte oben

Fatoush-Salat

Für 2–4 Portionen

- 3 feste reife Tomaten
- 3 Salatgurken
- 1 Zwiebel
- 2–3 Knoblauchzehen
- 1 Rettich (oder 4 Radieschen)
- ½ Bd. Koriandergrün
- ½ Bd. Minze
- ½ Bd. Petersilie
- ½ Zitrone
- 2 Pitabrote
- 5 EL Olivenöl
- Salz, frisch gemahlener
  schwarzer Pfeffer

Den Backofen auf 200 °C vorheizen. Die Tomaten waschen, vom Stielansatz befreien und klein würfeln. Die Gurken schälen und ebenfalls in kleine Würfel schneiden. Die Zwiebel und Knoblauchzehen abziehen, die Zwiebel klein hacken, die Knoblauchzehen zerdrücken. Den Rettich putzen und auf der Gemüsereibe fein raspeln. Die Kräuter waschen, trocken schütteln, von den Stielen zupfen und hacken. Die Zitrone auspressen.

Die Pitabrote dünn mit Olivenöl einpinseln und im heißen Ofen oder auf dem Grill 5–10 Minuten goldbraun rösten. Abkühlen lassen und in mundgerechte Stücke brechen. Die restlichen Zutaten vermischen, die Pitastücke dazugeben, mit Salz und Pfeffer abschmecken und sofort servieren.

Türkischer Salat

Für 2–4 Portionen

- 4 Tomaten
- 1 rote Zwiebel
- 1 rote Paprikaschote
- 1 Bd. Petersilie
- 1 EL Tomatenmark
- 2 EL Ketchup
- 1 EL Olivenöl
- Salz, frisch gemahlener
  schwarzer Pfeffer

Die Tomaten waschen, vom Stielansatz befreien und klein würfeln. Die Zwiebel abziehen und klein hacken. Die Paprikaschote waschen, putzen und ebenfalls in kleine Würfel schneiden. Die Petersilie waschen, trocken schütteln, von den Stielen zupfen und hacken. Das Gemüse mit Petersilie, Tomatenmark und Ketchup mischen. Mit Olivenöl, Salz und Pfeffer abschmecken und über Nacht im Kühlschrank ziehen lassen. Eine halbe Stunde vor dem Servieren aus dem Kühlschrank nehmen.

Marokkanischer Karottensalat

Für 6–8 Portionen

- 8–10 Karotten
- 2 Knoblauchzehen
- ½ Zitrone
- ½ Bd. Petersilie
- 1 TL Cayennepfeffer
- 1 EL Öl
- ½ TL gemahlener Kreuzkümmel
- ½ –2 TL Harissa
- 1 TL Salz

Die Karotten schälen und ganz in kochendem Wasser 30 Minuten weich kochen. Abkühlen lassen und in Scheiben schneiden. Die Knoblauchzehen abziehen und zerdrücken. Die Zitrone auspressen und die Petersilie waschen, trocken schütteln, von den Stielen zupfen und hacken. Alle Zutaten vermischen und mindestens 1 Stunde ziehen lassen.

Mansaf

Für 8 Portionen

- 2 kg Lammkeule ohne Knochen
- 150 g Mandelkerne
- 80 ml Olivenöl
- 100 g Pinienkerne
- 1 TL Kardamomsamen
- 1 Msp. rosenscharfes Paprikapulver
- 1 Msp. gemahlener Kreuzkümmel
- 1 Msp. gemahlener Koriander
- 1 Msp. gemahlene Nelken
- 1 Prise frisch geriebene Muskatnuss
- 1 Msp. Zimtpulver
- 1 TL Kurkumapulver
- 1 TL Salz
- ½ TL frisch gemahlener schwarzer Pfeffer
- 1 kg Langkornreis
- 500 g Joghurt

Das Lammfleisch unter fließendem Wasser abspülen, mit Küchenpapier trocken tupfen und in grobe Stücke zerteilen. Die Mandeln in eine kleine Schüssel geben, mit kochendem Wasser übergießen, kurz stehen lassen und mit kaltem Wasser wieder abschrecken. Die Kerne aus den Häutchen herausdrücken und trocken tupfen.

Das Öl in einem großen Topf erhitzen, die Pinienkerne darin hellbraun rösten und wieder herausnehmen. Die Mandeln in das Öl geben, ebenfalls rösten und herausnehmen. Das Fleisch im Öl rundum goldbraun anbraten und herausnehmen. Das Öl abgießen und für den Reis beiseitestellen. Den Topf säubern, das Fleisch wieder hineingeben und mit Wasser bedecken. Die Kardamomsamen im Mörser (oder mit einem Messerrücken) andrücken. Alle Gewürze sowie Salz und Pfeffer zum Fleisch geben, aufkochen und etwa 3 Stunden sanft köcheln lassen. Das Fleisch herausnehmen und warm stellen, den Sud durch ein Sieb gießen, auffangen und für den Reis beiseitestellen.

Den Reis im beiseitegestellten Öl einige Minuten anbraten, etwa 1,5 l des Suds angießen, aufkochen und bei geringer Hitze zugedeckt 20 Minuten köcheln lassen, bis der Reis die Flüssigkeit aufgenommen hat und gar ist. Den Joghurt mit dem restlichen Sud vermengen, das Fleisch hineingeben, erhitzen und einige Minuten sanft köcheln lassen. Den Reis auf einer großen Platte anrichten, das Fleisch mit Joghurtsauce daraufgeben und mit gerösteten Pinienkernen und Mandeln bestreut servieren.

Attayif

Für 35 Stück

Für den Sirup
- 220 g Zucker
- 1 EL Zitronensaft
- 1 EL Orangenblütenwasser (Apotheke)

Für den Teig
- ½ TL Trockenhefe
- 1 TL Zucker
- 280 g Mehl
- 1 Prise Salz

Für die Nussfüllung
- 120 g Walnuss- oder Pekannusskerne
- 50 g Zucker
- 1 TL Zimtpulver

Für die Käsefüllung
- 230 g Ricotta (oder Ziegenfrischkäse)
- ½ TL Zimtpulver

Außerdem
- Butter zum Braten
- Öl zum Frittieren
- gehackte Pistazien zum Garnieren

Für den Sirup den Zucker mit 240 ml Wasser und dem Zitronensaft in einem kleinen Topf aufkochen, die Hitze reduzieren und etwa 10 Minuten köcheln lassen. Vom Herd nehmen, das Orangenblütenwasser einrühren und den Sirup im Kühlschrank abkühlen lassen.

Für den Teig Hefe und Zucker mit etwa 280 ml lauwarmem Wasser in einer großen Schüssel vermengen und einige Minuten stehen lassen, bis die Hefe Blasen wirft. Dann Mehl und Salz vermischen und mit der Hefe-Zucker-Mischung zu einem glatten Teig verrühren. Zugedeckt 2 Stunden gehen lassen.

Für die Pfannkuchen etwas Butter in einer kleinen beschichteten Pfanne zergehen lassen. 1–2 EL Teig hineingeben, bei mittlerer Hitze backen, bis kleine Blasen an der Oberfläche sichtbar werden. Den Pfannkuchen nicht wenden, sondern herausheben und den übrigen Teig ebenso verarbeiten.

Für die Nussfüllung die Walnüsse grob hacken und mit Zucker und Zimt mischen. Für die Käsefüllung die Zutaten miteinander vermengen. Je 1 gehäuften EL in die Mitte der ungebackenen Pfannkuchenseite geben, zusammenfalten und die Ränder fest aufeinanderdrücken.

Das Öl in einer hohen Pfanne erhitzen und die Küchlein in kleinen Portionen darin 2–3 Minuten goldbraun ausbacken. Mit einem Schaumlöffel herausheben und auf Küchenpapier abtropfen lassen. Den kalten Sirup in eine tiefe Schüssel gießen und die noch heißen Küchlein darin eintauchen. Sofort mit gehackten Pistazien bestreuen und heiß oder lauwarm servieren.

VARIANTE

Man kann auch die gefüllten Küchlein auf ein Backblech legen, mit zerlassener Butter bestreichen und dann bei 200 °C etwa 10 Minuten im Ofen backen. Danach mit kaltem Sirup tränken und servieren.

Baklava

Für 1 Springform (ø 26 cm)

Für den Teig
- 250 g Mehl
- 1 TL Salz
- 2 Eier
- 1 TL Olivenöl
- 100 g Speisestärke

Für die Füllung
- 120 g Nüsse (Walnuss-, Mandelkerne und Pistazien)
- 200 g Butter

Für den Sirup
- 450 g Zucker
- 1 EL Rosenwasser (Apotheke)

Das Mehl mit dem Salz in eine Schüssel sieben. In die Mitte eine Mulde drücken und die Eier hineingeben. Etwa 100 ml Wasser dazugeben und zu einem geschmeidigen Teig verarbeiten, nach Bedarf etwas mehr Wasser zugeben. Mit einem feuchten Tuch bedeckt 1 Stunde ruhen lassen.

Das Öl über den Teig träufeln und 10 Minuten kneten. Etwas Stärke auf eine Arbeitsplatte streuen und den Teig zu einem langen Rechteck ausrollen. In zehn gleich große Stücke schneiden und jedes so dünn wie möglich ausrollen. Wird der Teig zu klebrig, mit etwas Stärke bestäuben. Die dünnen Teigblätter jeweils mit etwas Stärke dazwischen übereinanderlegen und mit gleichmäßigem Druck zusammen ausrollen. Passend für eine Springform (oder eine eckige Auflaufform) zuschneiden, sodass 10–12 Blätter zum Schichten entstehen.

Den Backofen auf 200 °C vorheizen. Die Nüsse hacken. Die Butter zerlassen und die Backform damit einfetten. Jedes der Teigblätter mit Butter bepinseln und in die Form schichten, nach der fünften oder sechsten Schicht die Nüsse hineingeben und die restlichen Teigblättern wie zuvor mit Butter einschichten. Die oberste Lage nochmals mit Butter bestreichen. Vorsichtig mit einem scharfen Messer Rauten oder Rechtecke in den Teig schneiden. Im heißen Ofen etwa 30–40 Minuten goldbraun backen.

In der Zwischenzeit für den Sirup Zucker mit 300 ml Wasser unter Rühren aufkochen und den Zucker komplett lösen. Die Hitze reduzieren und 10 Minuten köcheln lassen. Das Rosenwasser unterrühren und den Sirup beiseitestellen. Baklava aus dem Ofen nehmen, erneut mit Butter bestreichen und den noch warmen Sirup nach und nach darübergießen. Während des Auskühlens saugt das Gebäck die Flüssigkeit auf.

TIPP

Wenn es einmal schneller gehen soll, kann man auch fertige Yufkateigplatten für Baklava (480 g) im türkischen Lebensmittelladen kaufen. Wer es noch nussiger mag, kann die Menge der Nüsse auch verdoppeln.

Revani

Für 1 Springform (ø 26 cm)

Für den Teig
- 60 g Mehl
- 120 g Weizengrieß
- 6 Eier
- 1 Bio-Orange
- 120 g Zucker

Für den Sirup
- 2 Bio-Zitronen
- 175 g Zucker

Außerdem
- Kokosflocken zum Bestreuen
- Kaymak (türkisches Rahmerzeugnis, ca. 23 % Fett)

Den Backofen auf 180 °C vorheizen. Die Springform einfetten und mit Backpapier auslegen. Das Mehl in eine Schüssel sieben und mit dem Grieß vermischen. Die Eier trennen. Die Orange heiß waschen, trocknen und die Schale abreiben. Die Eiweiße steif schlagen.

In einer anderen Schüssel die Eigelbe mit Zucker schlagen, bis eine helle, cremige Masse entsteht. Zuerst die Orangenschale und dann nach und nach Mehl und Grieß darunterrühren. Den Eischnee vorsichtig unterziehen. Den Teig in die vorbereitete Form geben, glatt streichen und etwa 30 Minuten backen, bis der Kuchen goldbraun ist.

Für den Sirup die Zitronen heiß waschen, trocknen, die Schale abreiben, den Saft auspressen und beides mit Zucker und 300 ml Wasser in einen Topf geben. Unter ständigem Rühren zum Kochen bringen. Die Hitze reduzieren und 5–10 Minuten köcheln lassen. Den Kuchen aus dem Ofen nehmen, in Quadrate schneiden, warmen Sirup darübergießen und weitere 2 Minuten in den Ofen stellen. Dann die Revani herausnehmen und abkühlen lassen. Auf eine Platte setzen und mit Kokosflocken bestreuen. Man kann das Gebäck pur oder mit eisgekühlter Kaymak servieren.

Festtagshelva

Für 6 – 8 Personen

- 175 g Butter
- 175 g Mehl
- 1 EL Sonnenblumenöl
- 60 g Pinienkerne
- 600 ml Milch
- 225 g Zucker
- Puderzucker zum Bestäuben

Mit zwei Töpfen gleichzeitig arbeiten: Im ersten Topf Butter zerlassen. Mehl durchsieben, in die Butter rühren und in 4–5 Minuten unter Rühren etwas Farbe annehmen lassen. Das Öl hineinrühren, damit eine glatte Masse entsteht. So lange erhitzen, bis die Masse sich vom Rand löst. Dann die Pinienkerne zugeben und in weiteren 4–5 Minuten goldbraun werden lassen.

Gleichzeitig in einem zweiten Topf die Milch erhitzen, den Zucker dazugeben und unter Rühren vollständig auflösen. Die Milch zum Kochen bringen, die Hitze reduzieren und 10 Minuten köcheln lassen, bis ein dickflüssiger Milchsirup entstanden ist – er sollte am Löffelrücken haften bleiben.

Nun 150 ml Wasser in die Mehl-Pinienkern-Mischung des ersten Topfs rühren, gut vermengen, anschließen den Milchsirup unterrühren. Sehr kräftig rühren, damit keine Klümpchen entstehen. Die Hitze stark reduzieren, Topf mit einem sauberen Geschirrtuch bedecken, mit dem Deckel verschließen und 15–20 Minuten leicht dämpfen. Die Helva warm oder bei Zimmertemperatur servieren. Dazu auf Teller geben und mit Puderzucker bestäuben.

Hoşaf

Für 4–6 Portionen

- 120 g Rosinen
- 175 g getrocknete Aprikosen
- 225 g Zucker
- 1 EL Orangenblütenwasser (Apotheke)

Die Rosinen mit den Aprikosen in eine Schüssel geben, mit Wasser bedecken und mindestens 6 Stunden einweichen. Die Früchte dann abtropfen lassen und mit 900 ml frischem Wasser in einem Topf aufkochen. Die Hitze reduzieren und 10 Minuten köcheln lassen.

Den Zucker zugeben und weitere 10 Minuten köcheln lassen, dann das Orangenblütenwasser einrühren und alles zum Abkühlen beiseitestellen. Vor dem Servieren etwa 2 Stunden in den Kühlschrank stellen, denn eiskalt schmeckt das Kompott am besten.

Mandelkekse

Für 40 Stück

- 1 kg geschälte, gemahlene Mandeln
- 500 g Zucker
- 1 Bio-Zitrone
- 45 g Butter
- 1 ½ Päckchen Backpulver
- 1 Päckchen Vanillinzucker
- 2 Eier
- 6 Eigelb
- rote Lebensmittelfarbe (nach Belieben)

Außerdem
- 100 ml Rosenwasser (Apotheke)
- 500 g Puderzucker

Die Mandeln mit dem Zucker vermischen. Die Zitrone heiß waschen, trocknen und die Schale abreiben. Die Butter in einem kleinen Topf zerlassen. Mandeln und Zucker mit Eiern und Eigelben vermischen und anschließend nach und nach Backpulver, Vanillinzucker, Zitronenschale und zerlassene Butter hinzufügen. Alles gut durchkneten. Nach Belieben die Hälfte des Teiges mit etwas Lebensmittelfarbe einfärben.

Den Backofen auf 150 °C vorheizen. Ein Backblech mit Backpapier auslegen. Nun die Hände mit Rosenwasser befeuchten und die Mandelmasse zu walnussgroßen Kugeln formen und in Puderzucker wälzen. Die Kugeln leicht platt drücken und in die Mitte mit dem Daumen eine leichte Vertiefung drücken. Nun in den Rand an vier Stellen mit der Seite eines Teelöffels einen diagonalen Schlitz drücken. Die Mandelkekse auf das Blech setzen und etwa 30 Minuten backen. Das Gebäck sollte dabei nicht dunkler werden.

Opferfest

Der letzte Monat des islamischen Jahres ist der Pilgerfahrt nach Mekka gewidmet und findet seinen festlichen Höhepunkt im Opferfest (arabisch »Id ul-adha«). Es ist zusammen mit dem Eid al-fitr die größte religiöse Festlichkeit des Islams und geht wie dieses auf eine Anweisung Muhammads zurück: »Ihr hattet früher zwei Tage, an denen ihr spielet. Allah hat sie euch in zwei bessere umgetauscht: Tag des Fastenbrechens und Tag des Opfers.« Im islamischen Opferfest wird daran erinnert, wie Ismail, der erstgeborene Sohn Abrahams, von Allah vor der Opferung durch den eigenen Vater gerettet wurde. Allah selbst hatte das Menschenopfer befohlen, um Abrahams Glaubensfestigkeit zu prüfen. Im Judentum ist Isaak der zu opfernde Sohn.

Zum Opferfest wurden traditionell in allen islamischen Ländern zur gleichen Zeit Opfertiere vom Oberhaupt der Familie rituell geschlachtet. Das Fleisch wurde zu je einem Drittel an die eigene Familie, die weniger bemittelten Verwandten und die Armen der Gemeinde verteilt. Auch daran sieht man, wie fest verankert das Almosengeben im Islam ist – eine der tragenden Säulen dieser Religion. Aus theologischer Sicht ist das Opferfest alles andere als ein Rückfall in den archaischen Opferkult. Anders als im biblischen Kontext hat das Tieropfer im Koran weder eine sühnende Wirkung, noch soll Allah damit gnädig gestimmt werden. Es soll einzig an das biblische Tieropfer Abrahams erinnert werden, das an die Stelle des von Gott geforderten und verhinderten Menschenopfers trat. Denn Abraham, so erzählt die Bibel, bindet seinen gefesselten Sohn wieder los und opfert an seiner Statt einen Widder, der sich mit seinen Hörnern in einer Hecke verfangen hatte.

Ganz im Einklang mit dem Wesen des Opferfests werden zum Festmahl Lamm oder Hammel in allen möglichen Variationen gemäß den regionalen Traditionen zubereitet. Im arabischen Raum werden zum Fleisch die verschiedensten Gemüse gereicht, dazu Couscous (s. S. 172), dieser grobe, nach einem besonderen Verfahren hergestellte Weizengrieß. Ein beliebtes Hauptgericht zum islamischen Opferfest heißt Mruziya (s. S. 175): ein mit Honig gesüßtes Lamm, für das eine besondere arabische Gewürzmischung (Ras el-hanout) verwendet wird; sie besteht aus Pfeffer, Koriander, Ingwer, Kreuzkümmel, verschiedenen Sorten Schwarzkümmel, Kardamom, Fenchel, Kurkuma, Muskat, Nelken, Zimt und Lorbeer. Der reichlich verwendete Honig ist wiederum eine Huldigung an Muhammad und dessen Leidenschaft fürs Süße.

Muslimische Pilger im Hof der Moschee des Propheten in Medina
nach dem Mittagsgebet

Hackfleischspieße mit Auberginen

Für 4 Portionen

- 500 g Auberginen
- 1 Zwiebel
- 500 g Lammhackfleisch
- ½ TL frisch gemahlener weißer Pfeffer
- ½ TL Zimtpulver
- ½ TL gemahlene Nelken
- Salz

Die Auberginen waschen, in mundgerechte Scheiben oder Stücke teilen. In einem Topf Wasser zum Kochen bringen, salzen und die Auberginenstücke darin 5 Minuten blanchieren. Abgießen und beiseitestellen. Die Zwiebel abziehen und fein hacken, mit dem Hackfleisch und den Gewürzen zu einer geschmeidigen Masse verkneten und mit Salz abschmecken.

Die Masse vierteln und jeweils zu vier etwa 2 cm dicken Scheiben formen. Abwechselnd mit den Auberginen auf Spieße stecken. Die Spieße auf dem Grill (oder in der Pfanne) rundum schön bräunen. Wer mag, kann gegrillte Paprika – ganz oder geviertelt – dazu servieren.

Hähnchenspieße

Für 4 Portionen

- 500 g Hähnchenbrustfilet
- 1 Bio-Zitrone
- 60 ml Olivenöl
- 3 rote Zwiebeln
- 300 g Zucchini
- 300 g kleine Tomaten
- Salz, frisch gemahlener schwarzer Pfeffer

Das Hähnchenbrustfilet waschen, trocken tupfen und in mundgerechte Stücke schneiden. Die Zitrone heiß waschen, die Schale abreiben und den Saft auspressen. Öl, Zitronensaft und -schale miteinander vermengen, mit Salz und Pfeffer abschmecken. Die Marinade mit dem Fleisch in einen Gefrierbeutel geben, die Luft herausdrücken, gut verschließen und die Marinade durch Kneten gut verteilen. Im Kühlschrank 2–4 Stunden ziehen lassen.

Die Zwiebeln abziehen. Die Zucchini und Tomaten waschen. Zwiebeln und Zucchini in mundgerechte Stücke teilen, die Tomaten ganz lassen. Das Gemüse und das Fleisch abwechselnd auf Spieße stecken und auf dem Grill (oder in der Pfanne) rundum bräunen.

← Bild links
Oben | Hackfleischspieße
Mitte | Hähnchenspieße
Unten | Hammelspieße (s. S. 156)

Fischcouscous

Für 6–8 Portionen

- 500 g weißfleischiges Fischfilet
  (z. B. Zander, Scholle oder Kabeljau)
- ½ TL Kreuzkümmelsamen
- 1 Zwiebel
- 4 EL Öl
- 2 TL Tomatenmark
- 1 EL Harissa
- ½ TL edelsüßes Paprikapulver
- 500 g Couscous (oder Bulgur)
- 3 grüne Spitzparika
- 300 g Kürbis
- 2 große Tomaten
- 1 Bd. Frühlingszwiebeln
- 150 g Kichererbsen (aus der Dose)
- 1 EL Butterschmalz
- Salz, frisch gemahlener schwarzer Pfeffer

Das Fischfilet in grobe Stücke zerteilen. Die Kreuzkümmelsamen in einem Mörser zerstoßen. Fisch mit Kreuzkümmel, Salz und Pfeffer würzen. Die Zwiebel abziehen, halbieren und in dünne Scheiben schneiden. 1 EL Öl in einem großen Topf erhitzen, Zwiebeln darin anschwitzen, Tomatenmark, Harissa und Paprikapulver dazugeben und unter Rühren einige Minuten mitbraten. Etwa 2 l Wasser angießen und zum Kochen bringen.

Den Couscous in einer Schüssel mit 100 ml Wasser und dem restlichen Öl vermengen, etwas salzen. Ein feines Metallsieb über das kochende Wasser hängen und den Couscous hineingeben, die Hitze reduzieren, den Topf verschließen.

Paprika, Kürbis und Tomaten putzen und in mundgerechte Stücke zerteilen. Die Frühlingszwiebeln hacken. Nach 5 Minuten das Gemüse und die Kichererbsen in den Würzsud geben, das Sieb mit dem Couscous wieder aufsetzen und weitere 10 Minuten ziehen lassen. Dann den Fisch in den Sud geben und alles noch 10 Minuten ziehen lassen.

Den gegarten Couscous in eine Schüssel geben, das Butterschmalz unterrühren, Gemüse und Fisch darauf anrichten, mit einigen Schöpfkellen des Suds übergießen, den restlichen Sud dazu reichen.

TIPP

Sie können den Couscous auch ohne Dämpfen zubereiten. Dafür den Couscous in 900 ml Wasser einrühren und bei schwacher Hitze ausquellen lassen. 10 Minuten vor Garzeitende den Fisch einlegen und ebenfalls gar ziehen lassen. Gegebenenfalls überschüssiges Wasser noch einige Minuten ohne Deckel verdampfen lassen. Butterschmalz unterrühren und servieren.

Mruziya

Für 6–8 Portionen

- 1,5 kg Lammschulter ohne Knochen
- 1 TL Zimtpulver
- 3 EL Ras el-hanout
- 250 g Rosinen
- 3 Zwiebeln
- 2–3 l Gemüsebrühe
- 5–6 Safranfäden
- 200 g Mandeln
- 2 EL Waldhonig
- ½ Zitrone
- Salz, frisch gemahlener schwarzer Pfeffer

Das Lamm unter fließendem Wasser abspülen, anschließend mit Küchenpapier trocken tupfen und in 3 cm große Stücke zerteilen. Zimt, Ras el-hanout mit 1 Prise Salz und 1 TL Pfeffer vermengen und das Fleisch mit der Mischung rundum einreiben. Das Fleisch in einen Gefrierbeutel geben und im Kühlschrank 24 Stunden marinieren. Restliche Gewürzmischung mit den Rosinen vermengen und abgedeckt beiseitestellen.

Am nächsten Tag die Zwiebeln abziehen, fein hacken und mit dem Fleisch in einen großen Topf geben. Mit der Gemüsebrühe bedecken. Safran dazugeben, den Topf mit einem Deckel verschließen und die Flüssigkeit einmal aufkochen. Die Hitze reduzieren und das Fleisch sanft köchelnd etwa 1 ½ Stunden garen, gegebenenfalls zwischendurch noch etwas Brühe angießen.

Die Mandeln in eine kleine Schüssel geben, mit kochendem Wasser übergießen, kurz stehen lassen und mit kaltem Wasser wieder abschrecken. Die Kerne aus den Häutchen herausdrücken und trocken tupfen. Die Mandeln in einer Pfanne bei mittlerer Hitze vorsichtig ohne Fett goldbraun rösten. Wenn das Fleisch gar ist, Mandeln und gewürzte Rosinen dazugeben. Weiter köcheln lassen, bis der Sud schön eindickt. Eventuell dafür den Deckel vom Topf nehmen. Den Honig zufügen, unter Rühren auflösen und noch einmal einige Minuten köcheln lassen. Die Zitrone auspressen und das Gericht mit Zitronensaft abschmecken. Dazu schmeckt warmes Fladenbrot.

TIPP

Falls Sie etwas von dem Gericht übrig haben, wärmen Sie es am nächsten Tag ruhig noch einmal auf – es schmeckt fast noch besser!

Weihnachten und Chanukka

Das christliche religiöse Jahr endet mit Weihnachten; es steht, wie schon erwähnt, in unmittelbarer zeitlicher Nähe zum jüdischen Chanukka-Fest. Das führte im liberalen Judentum zu einer gewissen Verschmelzung Chanukkas mit Weihnachten, was sprachlich im Mischwort »Weihnukka« zum Ausdruck kam. Das hat auch damit zu tun, dass beide Feste als Lichterfeste einander sehr ähnlich sind. Chanukka/Weihnachten ist ein schönes Beispiel dafür, wie die drei monotheistischen Religionen gerade über ihre Feste problemlos zueinander finden könnten, wenn sie denn wollten. Channuka geht, wie sollte es bei einem jüdischen Fest auch anders sein, über acht Tage, doch zählt es trotzdem zu den »kleinen Festen«, für die kein Arbeitsverbot gilt. Während der acht Festtage entzünden die gläubigen Juden die sogenannte Chanukkia, einen achtarmigen Leuchter – im Gegensatz zur siebenarmigen Menora, die am Schabbat entzündet wird. Das achte Licht der Chanukkia steht für die länger werdenden Tage nach der Wintersonnenwende. An jedem Abend von Chanukka wird jeweils eine Kerze mehr angezündet und der Leuchter anschließend ins Fenster gestellt. An diesem Fest gedenken die gläubigen Juden des erfolgreichen Aufstands unter Führung von Juda Makkabäus (142 v. Chr.) gegen die griechische Fremdherrschaft der Seleukiden. Üppige Speisen mit einer leichten, heiteren Note begleiten diese Festtage, an denen wiederum die Jüngsten besonders reich beschenkt werden. Allerdings ist Chanukka stiller und weniger aufgeregt als die »Stille Nacht« der Christen. Das Chanukka-Schabbat-Essen gehört ganz der Familie. Nicht anders als bei den Christen kommt bei den aschkenasischen Juden traditionell ein Gänsebraten auf den Tisch (s. S. 178 und 179). Wer bei diesem Brauch wem gefolgt ist, bleibt unklar. Allerdings behaupten die Katholiken, dass die gebratene Gans als weihnachtliches Festessen ihren Ursprung in der Martinsgans habe. Diese wird traditionell vor Beginn der Advents-Fastenzeit am Martinstag (11. November) gegessen. Am 25. Dezember, dem Geburtstag Christi, endet die Advents-Fastenzeit, und so wird wiederum mit einem Gänsebraten der Bezug zum Anfang hergestellt. Der Gänsebraten ist unter Katholiken auch an Kirchweih beliebt, woran man sieht, wie bescheiden die kulinarische Kreativität des Christentums ist. Zugespitzt kann man sagen, dass an den christlichen Festtagen im Prinzip nichts anderes gekocht wird als an den Sonntagen auch: halt ein Braten, von welchem Tier auch immer.

Dass auch die Adventszeit, wie die vorösterliche Zeit, eine Fastenzeit ist, weiß heute kaum noch ein Christ. Die weihnachtlichen Lebkuchen (s. S. 183), die ursprünglich in den Klosterküchen gebacken wurden, waren eigentlich als Heilmittel gedacht, die die heilsame Wirkung des Fastens unterstützen sollten. Am Heiligen Abend als abschließendem Fasttag durfte nur Fisch gegessen werden. Der Weihnachtskarpfen (s. S. 180), der in vielen Familien am ersten Weihnachtsfeiertag gegessen wird, gehört also streng genommen zum Heiligen Abend. An diesem als gläubiger Christ Wiener Würstchen oder Fleischgerichte aufzutischen, stellt aus religiöser Sicht einen Bruch des Fastengebots dar. Dieser geschieht freilich nicht böswillig, sondern in weit verbreiteter Unkenntnis der christlichen Traditionen.

Der Chanukkia-Leuchter – Symbol für die wieder länger werdenden Tage. Das Licht im neunten Arm in der Mitte dient dem Anzünden der anderen Lichter

Chanukka-Gans

Für die Gans
- 1 küchenfertige Gans (3,5–4 kg)
- 1 EL neutrales Öl
- Salz, frisch gemahlener schwarzer Pfeffer

Für die Füllung
- 1 große Zwiebel
- 6–8 säuerliche Äpfel
  (z. B. Boskop oder Cox Orange)
- 100 g getrocknete Aprikosen
- 215 g getrocknete Pflaumen
- ½ Bd. Petersilie
- 90 g Rosinen
- 400 g gegarte Esskastanien (Vakuumpack)
- ½ TL getrockneter Salbei

Für die Sauce
- 1 EL Pfeilwurzelstärke (Reformhaus)
- 125 ml Apfelsaft
- 1 EL Obstessig
- Salz, frisch gemahlener schwarzer Pfeffer

Die Gans innen und außen waschen und trocknen. Überflüssiges Fett entfernen – wer will, kann es als Bratfett auslassen. Die Haut und das Innere der Gans salzen und pfeffern. Die Haut rundherum mit einem scharfen Messer einstechen, damit das Fett während des Bratens austreten kann.

Den Backofen auf 230 °C vorheizen. Für die Füllung die Zwiebel abziehen, die Äpfel schälen und vom Kernhaus befreien. Zwiebel, Äpfel, Aprikosen und Pflaumen in Würfel schneiden. Die Petersilie waschen, trocknen und hacken. Das Öl in einer Pfanne erhitzen und die Zwiebel 4–5 Minuten bei mittlerer Hitze anschwitzen, bis sie glasig ist. Äpfel, Aprikosen, Pflaumen, Rosinen und Kastanien zugeben und mit Salbei und Petersilie bestreuen. 2 EL Wasser einrühren und alles 2–3 Minuten dünsten, bis die Flüssigkeit verdampft ist. Von der Kochstelle nehmen und etwas abkühlen lassen.

Die Füllung mit einem Löffel in das Innere der Gans geben und die Öffnung mit Fleischspießen verschließen oder mit Küchengarn zunähen. Die Gans mit dem Rücken auf die Fettpfanne legen und 30 Minuten im heißen Ofen braten.

Die Backofenhitze auf 180 °C reduzieren. Die Gans aus dem Ofen nehmen, das Fett abgießen und die Gans noch einmal rundherum einstechen. Die Gans auf die Brustseite drehen und noch 1 ½ Stunden braten, dabei mehrmals das Fett vom Bratblech über die Gans schöpfen. Wenn kein Fett mehr austritt, 250 ml Wasser in das Bratblech gießen und die Gans weiterschmoren. Sie ist gar, wenn beim Einstechen in ein Bein klarer Saft austritt.

Die Gans aus dem Ofen nehmen, auf eine Servierplatte legen, mit Alufolie abdecken und warm stellen. Inzwischen für die Sauce das Fett im Bratblech bis auf 1 EL abgießen. Pfeilwurzelstärke, Apfelsaft, Essig und 125 ml Wasser (bei Bedarf mehr Wasser) verrühren und auf das Blech gießen. Damit den Bratensatz lösen und in einen kleinen Topf umfüllen. Unter Rühren aufkochen, die Hitze reduzieren und 5 Minuten einköcheln lassen. Die Sauce mit Salz und Pfeffer abschmecken und separat zur Gans servieren.

Weihnachtsgans

Für 8 Portionen

Für die Gans
- 1 küchenfertige Gans (3,5–4 kg)
- ½ TL edelsüßes Paprikapulver
- 1 TL getrockneter Thymian
- Salz, frisch gemahlener schwarzer Pfeffer

Für die Füllung
- 6–8 säuerliche Äpfel (z. B. Cox Orange oder Idared)
- 300 g getrocknete Pflaumen
- 150 g Pumpernickel
- 1 EL Zucker
- 4 Beifußzweige
- Salz

Für die Sauce
- 2 EL Mehl
- 250 g Sahne

Den Backofen auf 200 °C vorheizen. Die Gans innen und außen waschen und trocknen. Überflüssiges Fett entfernen – wer will, kann es als Bratfett auslassen. Die Gans von innen und außen mit Salz, Pfeffer, Paprikapulver und Thymian einreiben. Die Äpfel schälen, entkernen und achteln. Die Pflaumen halbieren. Pumpernickel, Pflaumen, etwas Salz und Zucker, die Hälfe des Beifußes mit den Apfelspalten mischen und die Gans damit füllen. Die Öffnung mit Holzspießchen zustecken.

Die Gans mit der Brust nach oben auf die Fettpfanne legen, auf der zweiten Schiene von unten in den vorgeheizten Backofen schieben und 500 ml kochendes Wasser angießen. Sobald das Wasser verdampft ist und sich Röststoffe gebildet haben, nach und nach noch etwa 1 Liter Wasser angießen. Nach etwa 45 Minuten Bratzeit, 2 TL Salz in etwas warmem Wasser auflösen und die Gans damit bepinseln – dadurch wird die Haut schön knusprig.

Die Gans insgesamt etwa 2 ½ Stunden im Ofen braten, aus dem Ofen nehmen, mit der Brust nach unten auf einen Bratrost legen, wieder in den Ofen schieben und ein Backblech unter den Rost schieben. Die Gans noch 15–20 Minuten knusprig braten, anschließend warm stellen. Den Bratenfond in einen Topf geben, das Fett mit einer Kelle abschöpfen. Mehl mit Sahne glattrühren, zum entfetteten Bratenfond geben, alles aufkochen und etwa 5 Minuten köcheln lassen. Mit Salz, Pfeffer und restlichem Beifuß abschmecken. Die Gans mit Sauce servieren. Dazu passen Apfelrotkohl und Thüringer Klöße.

Weihnachtskarpfen

Für 4 Portionen

Für den Karpfen

- 1 küchenfertiger Karpfen (etwa 1 kg)
- 1 Karotte
- 1 Lauchstange
- 1 Petersilienwurzel
- 1 Staudenselleriestange
- 200 g Knollensellerie
- 2 Schalotten
- 2 Thymianzweige
- 2 Lorbeerblätter
- 5 Pimentkörner
- 5 Pfefferkörner
- 1 Prise Zucker
- 125 ml Weißweinessig
- Salz

Für die Sauce

- 1 Bd. glatte Petersilie
- 200 g Schlagsahne
- 3–4 TL Meerrettich (aus dem Glas)
- Salz

Den Karpfen vorsichtig waschen, damit die Schleimschicht nicht verletzt wird. Karotte, Lauch, Petersilienwurzel, Sellerie putzen, Schalotten abziehen und alles in grobe Stücke zerteilen. Den Thymian waschen, trocken schütteln und die Blättchen von den Stielen zupfen. Mit 1 l Wasser, den Gewürzen, Salz und Zucker in einen großen Topf geben und aufkochen. Den Essig separat aufkochen.

Den Karpfen vorsichtig in den Gemüsesud geben und löffelweise den heißen Essig dazugeben, damit sich die Haut blau färbt. Den Karpfen zugedeckt im Sud etwa 25 Minuten garen.

In der Zwischenzeit die Petersilie waschen, trocken tupfen, von den Stielen zupfen und fein hacken. Die Sahne steif schlagen, den Meerrettich vorsichtig unterheben und mit Salz abschmecken. Den Karpfen mit dem Gemüse auf einer Platte anrichten und mit Petersilie bestreuen. Dazu schmecken Salzkartoffeln.

Truthahn mit Preiselbeersauce

Für 8 Portionen

Für die Sauce
- 1 Orange
- 1 rote Chilischote
- 225 brauner Zucker (z. B. Muscovado)
- 450 g frische Preiselbeeren

Für die Füllung
- 1 Zwiebel
- 2 Staudenselleriestangen
- 300 g Süßkartoffeln
- 1 Bio-Zitrone
- 15 g Kräuter
  (z. B. Petersilie, Oregano,
  Salbei, Thymian)
- 25 g Butter
- 500 g Bratwurstbrät

Für den Truthahn
- 1 küchenfertiger kleiner Truthahn
  (Pute, 5 kg)
- 100 g Butter (Raumtemperatur)
- 1 EL Mehl
- 450–600 ml Hühnerbrühe
- Salz, frisch gemahlener, schwarzer Pfeffer

Außerdem
- 1 Kastenform (30 cm Länge)
- Butter für die Form
- frische Kräuter zum Garnieren

Für die Sauce die Orange auspressen. Die Chilischote waschen, entkernen und fein hacken. Zucker und Orangensaft in einem Topf erhitzen, bis sich der Zucker auflöst. Preiselbeeren und Chili zugeben und aufkochen. Die Hitze reduzieren und 10 Minuten köcheln lassen, bis das Obst weich ist. Abkühlen lassen und kalt stellen.

Für die Füllung die Zwiebel abziehen, die Selleriestangen putzen und beides in Würfel schneiden. Die Süßkartoffeln waschen, schälen und raspeln. Die Zitrone heiß waschen, trocknen und die Schale abreiben. Die Kräuter ebenfalls waschen, trocken schütteln, von den Stielen zupfen und hacken. Die Butter in einer Pfanne zerlassen, Zwiebel und Sellerie darin dünsten. Abgekühlt in eine Schüssel geben und mit Süßkartoffeln, Wurstbrät, Zitronenschale und Kräuter vermischen.

Den Backofen auf 220 °C vorheizen. Eine Kastenform einfetten. Die Pute innen und außen waschen und trocken tupfen. Die Pute füllen und die Öffnung mit Holzspießchen mit dem überhängenden Hautlappen verschließen. Die restliche Füllung in die Kastenform füllen und festdrücken. Zum Ermitteln der Garzeit den Truthahn wiegen. Je 500 g Gewicht rechnet man 20 Minuten.

Den Truthahn in einen großen Bräter geben und mit Butter bestreichen. Zunächst 30 Minuten bei 220 °C im Ofen braten, dann die Temperatur auf 180 °C reduzieren. Sobald der Truthahn goldbraun ist, mit Alufolie abdecken. Während des Garens immer wieder mit dem Bratensaft begießen. Die Kastenform mit der Füllung für die letzte Stunde mit in den Ofen stellen.

Wenn der Truthahn gar ist, auf eine Servierplatte heben, mit Alufolie abdecken und 30 Minuten ruhen lassen. Das überschüssige Fett aus dem Bräter abschöpfen, dann das Mehl in den Bratenfond einrühren und auf kleiner Flamme 1 Minuten köcheln lassen. Die Brühe zugeben, die Bratrückstände lösen, mit Salz und Pfeffer abschmecken und unter Rühren eindicken lassen. Den Braten mit den Kräutern garnieren und mit Füllung, Preiselbeersauce und Bratensaft servieren.

TIPP

Dazu passen Bratkartoffeln oder Süßkartoffeln, die man blanchieren, in Butter schwenken und für 45 Minuten mit in den Backofen geben kann.

Lebkuchen

Für 2 Backbleche

- 250 g Butter
- 500 g Honig
- 500 g brauner Zuckerrübensirup
- 3 Eier
- 1 kg Weizenvollkornmehl zzgl. etwas
  zum Verarbeiten
- ½ TL Salz
- 2–3 Tütchen Lebkuchengewürz (30–45 g)
- 4 EL echtes Kakaopulver
- 1 TL Hirschhornsalz
- 1 TL Pottasche
- 2 EL Milch

Butter und Honig in einem großen Topf schmelzen. Vom Herd nehmen und unter Rühren den Sirup unterrühren. Leicht abkühlen lassen, Eier, Mehl. Salz, Lebkuchengewürz und Kakaopulver dazugeben und gut vermengen. Pottasche und Hirschhornsalz separat in wenig Milch auflösen und nacheinander in den Teig eingearbeitet. Den Teig mindestens über Nacht kalt stellen, er kann bis zu 2 Wochen ruhen.

Den Backofen auf 200°C vorheizen. Ist der Teig zu klebrig ggf. etwas Mehl unterkneten. Den Teig halbieren und auf die mit Backpapier ausgelegten Bleche streichen. Das geht mit in kaltem Wasser angefeuchteten Händen oder einer sehr kalten Palette am besten. Im Ofen 35 Minuten backen, herausnehmen und sofort in Stücke zerteilen.

TIPP

Um Figuren ausstechen, zusätzlich noch 300–500 g Mehl unterkneten. Erst dann lässt sich der Teig ausrollen.

Martinshörnchen

Für 15 Stück

Für den Teig
- 500 g Mehl (Type 550)
- 1 Würfel frische Hefe
- 1 EL Zucker
- 200 ml lauwarme Milch
- 80 g Butter (Raumtemperatur)
- 1 Ei
- ½ TL Salz

Für die Füllung
- 30 g Mandelkerne
- 50 g Rosinen
- 50 g Korinthen
- 1 TL Zimtpulver
- 1 EL Zitronensaft

Das Mehl in eine Schüssel geben, eine Mulde hineindrücken, die Hefe hineinbröckeln und den Zucker dazugeben. Von der lauwarmen Milch einige Esslöffel in die Mulde geben und mit etwas Mehl vom Rand vermengen. 20 Minuten ruhen lassen. Nach und nach alle restlichen Teigzutaten hinzufügen und zu einem geschmeidigen Teig kneten. Zugedeckt an einem warmen Ort 30 Minuten gehen lassen.

Für die Füllung die Mandeln klein hacken. Mit Rosinen, Korinthen, Zimt und Zitronensaft mischen. Den Teig auf einer bemehlten Arbeitsfläche zu einem dünnen Rechteck ausrollen und 15 Dreiecke mit einer Seitenlänge von 15 cm zuschneiden. Die Füllung gleichmäßig auf die Teigstücke verteilen, den Teig aufrollen und zu Hörnchen biegen.

Den Backofen auf 180 °C vorheizen. Ein Backblech mit Backpapier auslegen. Die Hörnchen mit etwas Abstand auf das Backblech setzen und noch einmal 15 Minuten gehen lassen. Die Hörnchen im Ofen etwa 20 Minuten hellbraun backen.

TIPP

Für eine etwas schnellere Variante die Zutaten für die Füllung mit in den Teig kneten. Den Teig auf einer bemehlten Arbeitsfläche in 15 Stücke teilen, zu Würsten rollen und diese zu Hörnchen biegen.

Chanukka-Krapfen

Für 30–50 Stück

- 50 g frische Hefe
- 160 ml lauwarme Milch
- ½ Bio-Zitrone
- ½ Bio-Orange
- 1 kg Mehl
- 160 g Zucker
- Salz
- 8 Eier
- 1 TL flüssiges Vanilleextrakt
- 3 EL koscherer Rum (oder Brandy)
- 160 g Butter (Raumtemperatur)

Außerdem
- Öl für das Blech und zum Frittieren
- 1 Glas Erdbeerkonfitüre zum Füllen
- Puderzucker zum Bestäuben

Die Hefe in ¼ Tasse Milch auflösen. Die Zitrusfrüchte heiß waschen, trocknen und jeweils die Schale abreiben. Mehl, Zucker, 1–2 TL Salz, Eier, Vanilleextrakt, Zitrusschalen, Rum und die restliche Milch in die Küchenmaschine geben. Die Hefe dazugeben und 5 Minuten verkneten. Nach und nach die Butter zufügen und weitere 10 Minuten kneten, bis der Teig glatt ist. Etwas Mehl über den Teig streuen und zugedeckt an einem warmen Ort 20–30 Minuten ruhen lassen.

Anschließend nochmals 1 Minute durchkneten, einen glatten Ball formen und auf eine bemehlte Arbeitsfläche geben. Mit einem feuchten Tuch abdecken und weitere 15–20 Minuten gehen lassen. Zwei Backbleche fetten, den Backofen auf 40–45 °C vorheizen. 30 Krapfen (oder 50 Mini-Krapfen) formen und mit ausreichend Abstand auf die gefetteten Bleche setzen und mit Mehl bestreuen. Die Bleche in den Ofen schieben. Einen Topf mit kochendem Wasser dazu stellen. Im warmen Ofen aufgehen lassen, bis die Größe der Krapfen sich verdoppelt hat.

Inzwischen das Öl zum Frittieren auf 190 °C erhitzen. Wenn sich am Stiel eines Holzkochlöffels beim Eintauchen ins Fett kleine Bläschen bilden, ist das Fett heiß. Überschüssiges Mehl von den Krapfen entfernen. Die Krapfen portionsweise mit der Unterseite nach oben in das Öl legen, 2 Minuten auf jeder Seite frittieren, bis sie goldbraun sind. Einen Probekrapfen öffnen und nachsehen, ob er gar ist. Wenn er außen braun ist, innen aber noch feucht und klebrig, ist das Öl zu heiß. Die Krapfen zum Abtropfen auf einen Gitterrost legen.

Die Konfitüre in einen Spritzbeutel mit langer Tülle füllen. Wenn die Konfitüre zu fest ist, mit etwas Wasser vermischen. In die Mitte des Krapfens stechen und etwas Füllung hineindrücken. Die Krapfen mit Puderzucker bestäuben und servieren.

Kartoffel-Latkes

Für 25 Stück

- 5 Kartoffeln
- 2 Zwiebeln
- 1 Karotte (nach Belieben)
- 3 Eier
- 3 EL Matzemehl (ersatzweise: Semmelbrösel)
- 1 Prise frisch geriebene Muskatnuss
- Salz, frisch gemahlener schwarzer Pfeffer

Außerdem
- Öl zum Braten

Die Kartoffeln waschen, schälen und grob reiben. Die Zwiebeln abziehen und fein reiben. Die Karotte schälen und ebenfalls grob reiben. Das Gemüse auspressen und vermischen. Eier, Matzemehl und Gewürze dazugeben und alles verrühren.

Das Öl in einer Pfanne erhitzen. Den Teig löffelweise hineingeben und flachdrücken. Die Latkes 2 Minuten braten, umdrehen und 1 weitere Minute braten. Die goldbraunen Kartoffelpuffer auf Küchenkrepp abtropfen lassen und heiß servieren.

Gegrilltes Huhn

Für 6–8 Portionen

- 2 EL gemahlener Kreuzkümmel
- 1 ½ TL Kurkumapulver
- 1 TL Paprikapulver (rosenscharf, edelsüß oder Chilipulver)
- 1,8–2,2 kg Hühnerteile mit Knochen (Schenkel, Flügel, Brust)
- 2 EL Olivenöl
- Salz

Außerdem
- frische Korianderblätter zum Garnieren

Die Gewürze mit 1 TL Salz in einer kleinen Schüssel mischen. Die Hühnerteile mit Olivenöl einreiben Auf eine große Platte oder ein Backblech legen und von beiden Seiten gleichmäßig mit der Würzmischung bestreuen. Den Grill des Backofens vorheizen. Die Fettpfanne in die unterste Schiene einschieben.

Die Schenkel und Flügel auf den Grillrost legen und 10 Minuten grillen. Dann die Bruststücke ebenfalls auf den Rost geben und weitere 7–10 Minuten grillen. Den Rost tiefer einschieben, falls die Hühnerstücke zu schnell braun werden. Die Hühnerstücke wenden.

Die Bruststücke noch 7–10 Minuten, die Schenkel und Flügel noch 12–15 Minuten weitergrillen, bis klarer Saft austritt, wenn das Fleisch mit einem Messer oder Fleischspieß angestochen wird. Die Hühnerstücke auf einer großen Servierplatte mit Korianderblättern anrichten.

TIPP
Noch besser schmecken die Hühnerteile natürlich, wenn man sie über einem Gas- oder Holzkohlegrill gart.

Gehackte Leber

Für 4 Portionen

- 250 g frische Hühnerleber (ersatzweise Kalbsleber, in Streifen geschnitten)
- 2 Zwiebeln
- 2 EL Öl
- 2 Eier
- 2 EL trockener koscherer Sherry (nach Belieben)
- Salz, frisch gemahlener schwarzer Pfeffer

Die Leber waschen und mit Küchenpapier trocken tupfen. Die Zwiebeln abziehen, fein hacken. Das Öl in einer Pfanne erhitzen und die Zwiebeln goldgelb anbraten. Die Leber hinzufügen und etwa 10 Minuten bei mittlerer Hitze rundum braten, bis sie gar ist. Leber und Zwiebeln aus der Pfanne nehmen und mindestens 30 Minuten kühl stellen.

Inzwischen die Eier hart kochen, pellen und auskühlen lassen. Leber, Zwiebeln und Eier in einer Küchenmaschine zusammen pürieren, mit Salz und Pfeffer abschmecken. Nach Belieben mit etwas Sherry verfeinern. Das Püree in saubere Gläser füllen und bis zum Servieren im Kühlschrank aufbewahren.

TIPP

Statt Öl kann man auch Hühner- oder Gänseschmalz zum Anbraten verwenden. Wer will, kann zusätzlich 60 g Nüsse (z. B. Chashew- oder Walnusskerne) in einer Pfanne ohne Fett rösten und mit Leber, Zwiebeln und Eiern pürieren.

Heringshäckerle

- 4 Salzheringe
- 2 Eier
- 1 kleiner, säuerlicher Apfel
- 1 mittelgroße Zwiebel
- 2 EL Matzemehl (ersatzweise: Semmelbrösel)
- 4 EL Essig
- 1 EL Zucker
- ½ TL frisch gemahlener weißer Pfeffer

Am Vortag die Salzheringe waschen und über Nacht zugedeckt wässern. Am nächsten Tag die Haut der Heringe längs entlang des Rückens einschneiden und abziehen. Die Heringe grob zerteilen. Die Eier hart kochen. Den Apfel schälen, entkernen und grob hacken, die Zwiebel abziehen und ebenfalls hacken. Die hart gekochten Eier pellen.

Heringe, Apfel, Zwiebeln sowie Eier in einem Mixer zusammen pürieren. Das Matzemehl unterrühren und mit Essig, Zucker und Pfeffer würzen. Das Heringshäckerle in eine Schüssel füllen und glatt streichen, abdecken und kalt stellen. Dieser Aufstrich passt gut zu Crackern oder frischem Weißbrot.

Marokkanisches Tscholent mit Kichererbsen

Für 6 Portionen

- 250 g getrocknete Kichererbsen
- 2 Zwiebeln
- 3 Knoblauchzehen
- 8 mittelgroße, festkochende Kartoffeln
- 1 kg Rindfleisch (Brust oder Beinscheibe)
- 80 ml Öl
- 125 g Graupen
- 1 TL edelsüßes Paprikapulver
- 1 TL scharfes Paprikapulver
- 1 TL gemahlener Kreuzkümmel
- 1 TL gemahlener Koriander
- 1 Handvoll getrocknete Pflaumen
- 1 EL Honig
- Salz, frisch gemahlener schwarzer Pfeffer

Die Kichererbsen über Nacht in Wasser einweichen. Am nächsten Tag abgießen und abtropfen lassen. Zwiebeln und Knoblauch abziehen und fein hacken. Die Kartoffeln waschen, schälen und halbieren, das Fleisch in große Stücke schneiden.

Das Öl in einem großen Bräter mit Deckel erhitzen und Zwiebeln sowie Knoblauch darin anbraten. Das Fleisch in die Mitte des Topfes legen, die Kartoffeln ringsherum. Die Kichererbsen und Graupen darauf verteilen. Mit reichlich Salz, Pfeffer, Paprikapulver, Kreuzkümmel und Koriander würzen. Die Pflaumen und den Honig hinzufügen. Mit kochendem Wasser auffüllen, sodass die Flüssigkeit etwa 2–3 cm über den festen Zutaten steht.

Die Mischung aufkochen, die Hitze reduzieren und etwa 30 Minuten köcheln lassen. Den Backofen auf 100 °C vorheizen, den Topf hineinstellen, zudecken und den Tscholent über Nacht garen. Falls nötig, etwas Wasser auffüllen.

TIPP

Soll es etwas schneller gehen, kann man auch Kichererbsen aus der Dose verwenden und den Tscholent auch bei etwa 150 °C in 4–5 Stunden im Ofen garen.

Monotheistisches Menü

GOLDENE JOICH

FORELLE
oder
WILDLACHS
mit Orangen und Avocados

MRUZIYA
(Honig-Lamm)

DESSERT DER LIEBE
(Charosset)

An einem Tisch
Zum Abschluss mit dem »Dessert der Liebe«

Bleibt zum Schluss die Frage, was wir selbst auftischen würden, falls wir in die Lage kämen, Angehörige der drei monotheistischen Religionen zum gemeinsamen Essen an einen Tisch zu bitten. Nun, wir würden uns für ein »monotheistisches Menü« aus vier Gängen entscheiden: zuerst jüdische Hühnersuppe, diese multikulturelle Suppe schlechthin, danach den christlichen Fisch, zum Beispiel eine Forelle, oder, etwas weniger klassisch, Wildlachs mit Orange und Avocado, und schließlich ein phänomenales muslimisches Honig-Lamm. Und als Dessert? Was läge näher als eine symbolische Vermischung aller drei Religionen in Gestalt eines multireligiösen Früchtezaubers. Wie wäre es mit einem Charosset! In ihm sind alle Früchte vereint, die in den Mythen und Legenden aller drei Religionen eine Rolle spielen: Äpfel, Orangen, Rosinen, Datteln, Feigen, Nüsse. Wir nennen es der Einfachheit halber »Dessert der Liebe«. Denn die Liebe zu Gott und den Mensch steht, wie jeder Gläubige weiß, im Zentrum aller Religionen.

Stichwortregister

Rezepte nach Festen

Rezepte nach Zutaten

Impressum

© 2012 Neuer Umschau Buchverlag GmbH,
Neustadt an der Weinstraße

Texte
Gerhard Staghun, Berlin

Mitarbeit Text
Martin Maria Schwarz, Frankfurt am Main

Fotografie
Jörg Lehmann, Berlin
www.image-bay.com

Mit Ausnahme von
Seite 8 (© Susanne Casper-Zielonka / Getty Images), Seite 10
(© Byzantine School / The Bridgeman Art Library / Getty Images),
Seite 12 (© Studio-Annika / iStockphoto), Seite 13 oben (© farben-
rausch / iStockphoto), Seite 14 (© Pascal Deloche / Photononstop /
Getty Images), Seite 13 unten (© THEPALMER / iStockphoto),
Seite 15 (© Persian School / The Bridgeman Art Library / Getty
Images), Seite 16 (©Claudiad / iStockphoto), Seite 18 (© akg-ima-
ges), Seite 20 (© Jacek_Sopotnicki / iStockphoto), Seite 21
(© akg-images), Seite 22 (© jcarillet / iStockphoto), Seite 23
(© Stuart Forster / Robert Harding World Imagery / Getty Images),
Seite 24 links (© eldadcarin / iStockphoto), Seite 24 rechts
(© Claudiad / iStockphoto), Seite 25 (© Dan Porges / Peter Arnold /
Getty Images), Seite 27 (© jcarillet / iStockphoto), Seite 28
(© mujdatuzel / iStockphoto), Seite 30 (© andrearoad / iStockpho-
to), Seite 31 (© apomares / iStockphoto), Seite 33 (© Ron Sanford /
Photo Researchers / Getty Images), Seite 35 (© akg-images),
Seite 36 (© BartCo / iStockphoto), Seite 37 (© tupatu76 / iStock-
photo), Seite 38 (© akg-images), Seite 40 (© afby71 / iStockphoto),
Seite 41 (© mobilestock / iStockphoto), Seite 42 (© Mlenny /
iStockphoto), Seite 43 (© Holger Leue / Getty Images), Seite 44
(© ugurhan / iStockphoto), Seite 46 (© magicinfoto / iStockphoto),
Seite 48 (© akg-images / Erich Lessing), Seite 50 (© akg-images),
Seite 52 (© miljko / iStockphoto), Seite 55 (© Album / Oronoz /
AKG), Seite 56 (© PhotoStock-Israel / Photographer's Choice /
Getty Images), Seite 58 (© Syldavia / iStockphoto), Seite 61
(© tovfla / iStockphoto), Seite 62/63 (© Melopomenem / iStockphoto), Seite 64 (© R. u. S. Michaud / akg-images), Seite 73 (© nir-art /
iStockphoto), Seite 74 (© Yvan Travert / Photononstop / Getty
Images), Seite 75 (© clearandtransparent / iStockphoto), Seite 94
(© blueenayim / iStockphoto), Seite 99 (© kobbydagan / iStockphoto), Seite 100 (© blueenayim / iStockphoto), Seite 104 (© Dan
Porges / Peter Arnold / Getty Images), Seite 127 (© rrodrickbeiler /
iStockphoto), Seite 141 (© akg-images), Seite 148 (© Mytho /
iStockphoto), Seite 149 (© Macsnap / iStockphoto), Seite 151
(© Latitudestock /Getty Images), Seite 169 (© mumbeos / iStockphoto) und Seite 177 (© JMWScout/ iStockphoto).

Lektorat
Ilka Grunenberg, Neustadt an der Weinstraße
Petra Puster, Niederpöcking

Gestaltung, Satz und Bildredaktion
Wagner/Rexin, Dirk Wagner, Stutensee
www.wagner-rexin.de

Umschlaggestaltung
Groothuis, Lohfert, Consorten, Hamburg

Herstellung
Janine Becker, Neustadt an der Weinstraße

Reproduktion
posi.tiff media GmbH, Gerda Günther,
Gelnhausen, www.positiff.com

Druck
NINO Druck GmbH, Neustadt an der Weinstraße

Printed in Germany
ISBN: 978-3-86528-737-3

Besuchen Sie uns im Internet
www.umschau-buchverlag.de